「法拍教父」黃正雄教你投資法拍賺千萬

法拍屋
實戰寶典

U0040771

黃正雄——著

前言

臺灣的不動產景氣從 SARS（2003 至 2013 年）以來，歷經約 11 年的多頭榮景，但經 2 年奢侈稅的閉鎖期及 2016 年開始施行「房地合一稅」後，空頭終於翻轉不動產市場，投資客幾乎陣亡或退場，或是移師投資海外不動產，例如日本、美國、英國及東南亞地區，造成嚴重資金外流。

到了 2022 年左右，臺灣人口結構將面臨老人化及少子化死亡交叉，人口紅利慢慢消失。尤其最近內政部營建署公布，臺灣地區已庫存大量餘屋尚未消化，但每年建商仍大蓋預售屋，不動產市場明顯產生供需嚴重失調，市場上瀰漫著低靡的觀望景氣，每個人都認為「房市快要崩盤了」。

不動產可分為四大區塊：預售屋、新成屋、中古屋、法拍屋，筆者從事不動產教學及投資逾 20 年，建議大家現今要降低投資預售屋或新成屋，因為許多不動產專家共同的看法，未來國內不動產趨勢將緩跌四年、盤整四年，換言之，未來八年的房地產是看跌。

綜觀市面上各種投資理財工具中，能獲取高利潤的理財，

不外乎法拍屋、期貨、股票、外匯、黃金或共同基金等，但根據科學統計結果指出，投資上述商品真正賺錢的投資客約只有8% 左右。所謂高利潤高風險，有人說：「不動產愈不景氣，法拍物件愈多，相對利潤也愈高。」法院不動產拍賣市場是一座永遠挖不完的寶山，是一條快速致富的捷徑。依據統計，長期涉足此行業，不是大富，也有小康，沒有大賺也小賺。比起其他行業的投資報酬，的確有過之而無不及，尤其此行業可當主業，又可作兼職。

目前市面上的法拍屋相關書籍，大多數是律師或法官利用法條來解析，全書過於深澀難以了解，而本書以說故事圖像化方式，針對不同法拍的筆錄內容來解析，以及所要採取的因應措施，讓讀者在看完法院公告時，心中自然有一把衡量的尺。

法拍屋一般可分為四類，愈複雜利潤愈高：點交利潤5%，不點交利潤10%，共有物變賣20%，地上權、典權、承租基地建屋、土地分割等利潤25% 以上。法院拍賣市場，如果能事先詳細研究案情，徹底瞭解相關法律規章，此條路可說相當平坦，「不大賺，也不會虧。」相反的，如一知半解，橫衝直撞，也難保不會失敗。

筆者經常接獲讀者反應，極需這方面的知識，也因此不斷舉辦法拍屋實務講習，參加過講習的學員，都希望筆者能進一步出書，因此筆者把多年實務及教學精華，以口語化、圖像化及故事方式，和讀者分享法拍屋的賺錢方程式。

房產景氣愈不明朗，法拍屋的案量愈是急速增加。機會是留給準備好的人，事前多做功課，絕對是殺敵致勝的關鍵，最好的商業模式就是「逢低買進，逢高賣出」，投資法拍屋能使「窮人翻身，富者愈富」，黃土變黃金，礦石變鑽石。

本書 70 個故事，是筆者超過 30 年來處理法拍屋約 1850 件的寶貴經驗，謹供讀者理論與實務交叉應用。筆者才疏學淺，疏誤之處在所難免，尚祈各方專家學者不吝賜正。筆者謹將 20 餘年來對投資法拍屋的法律之探研，與對法拍屋實務之研究作系統陳述，倘能對實際需要者提供參考，則幸甚良。

黃正雄　臺北

 推薦序／月風

房地產領域非常廣，舉凡建設、中古屋買賣、法拍、抵押，到裝潢、設計，都屬於不動產的範疇，一般人只要能深入經營其中一項，都可以獲利頗豐。但，所有房地產交易中，最需要專業、最不容易為一般人掌握的，無疑就是法拍的部分了。

對於相關的法律知識，別說是一般人了，就算是律師，只要不是本科專業，也未必會去精研，而藏在細節裡面的問題，往往就是決定勝負的關鍵。

筆者從事房地產十餘年，曾經買賣轉手超過六百間房地產物件，也經歷過大大小小的陷阱，與買賣雙方在法庭決戰。同樣的，也因為一些不了解的法律常識，走過不少冤枉路，以及浪費不少寶貴的時間。

人生有很多經驗跟教訓，如果不用自己的血淚學經驗，而直接能夠從成功者身上學到這些，那對於有志於房地產成功的朋友來說，不諦是一大福音。

黃老師擁有驚人的法拍界經驗，處理過的疑難雜症不計其

數，絕對是法拍領域中的頂尖專業人士，有這樣的前輩願意出書分享自己的經驗，讓投資大眾能夠從中趨吉避凶，對於法拍這個充滿黑幕的市場，無疑是點亮一盞光明燈。

以筆者的經驗，與股市不同的是，房地產沒有停損問題，沒有下市問題，投資房地產，只要能精確掌握好進場價格與相關法律風險，無論在多頭市場或空頭市場，都能夠穩定獲利，而想要了解更多法律相關的知識，黃老師這本書就是非常好的起點，樂之為序！

月風
臺灣最大財商社團［富豪居］／創辦人

推薦序／Debby&Wawa

很開心收到法拍教父黃正雄老師的邀請，代表瘋理財來寫推薦序。瘋理財是個多元學習的投資理財教育平台，兩位創辦人7年級女生 Debby&Wawa 透過自己的學習歷程，打造多元資產、買房收租、資產配置、創建團隊、短短5年成立4間公司，也協助超過上萬學員在平台中找到自己理財的工具。在多元的投資工具中，「法拍屋」是一門對新手而言較為陌生且神祕的工具，過往因為不瞭解而恐懼、因為恐懼而對立，造成好的知識無法有效傳遞，年輕人或中產階級也無法透過正確且正派的學習，了解房地產及法拍的精隨奧義，為了打破財富不對等及知識的落差，很開心透過跨世代的合作，法拍教父黃老師與瘋理財將超過30年的智慧經驗，共同創作影音學習和實戰課程，讓小資族也能透過學習，進而了解前人寶貴經驗，透過教育也能增加財富。

在此恭喜法拍教父黃正雄老師的《法拍屋實戰寶典》暢銷書大賣，堪稱是法拍業界的聖經寶典！黃老師秉持著從事法拍屋的投資、顧問、教學超過30年的謹慎跟細膩度，書中案例見解精闢、深入簡出、讓法拍初學者能輕鬆理解法拍屋市場，也讓房產進階者學習到完整的不點交、共有物及法拍專業法條，每個案例分享都是拍案叫絕。

瘋理財跟黃老師合作超過 7 年，超過千名學員跟投資者，透過法拍買到自己人生第一間房子，有更多人變成專業投資者及專業業者，黃老師不遺餘力及不藏私的分享，讓房產的買賣及投資，變成多贏的局面，其中以和為貴、團隊合作及為人處世的道理，都應用在法拍屋的實戰中，對 Debby 及瘋理財全體學員都受用無窮。如果你以為黃老師只是單純的法拍屋教學，那真是誤會大了！你一定要馬上來學習，黃老師教給大家的是賺錢、創富的大智慧，推薦給所有讀者及熱愛學習房產的朋友們。

Debby&Wawa

瘋理財教育機構／創辦人暨執行長
優式租售台北豐馥加盟店／營運長

推薦序／JAMIE

　　黃老師從事法拍投資、教學已經超過 30 年了，老師幽默風趣的教學方式，硬生生把大家覺得很難的法拍屋投資，變得好玩有趣又生動，尤其有教無類的精神，更是深深感動了很多同學。

　　聽到黃老師終於要出他的第一本書時，真的覺得大家很幸福，老師將把 30 餘年的法拍經驗，融會貫通在一本書裡，傳授法拍投資實務，點交不點交、要注意的法律條文……。常聽到一句話，學習是世界上最占便宜的事，恭喜大家都占到便宜了！

　　其實我個人最佩服的，還是黃老師圓融的做人處世，老師每次來「輕易豐盛學苑」授課時，總是客氣有禮貌，完全沒有架子。老師說：「從事法拍屋，除了有專業知識外，還要學會做人處事，因為會做人也是成功關鍵之一！」這也是我們這些後輩應該好好學習的地方。

　　那麼，我就不多說了，就讓我們一起進入「法拍天王黃正雄老師」的法拍世界吧！

JAMIE
輕易豐盛學苑／創辦人

推薦序／林宏澔

認識黃老師已經有七年了，黃老師一直都在「創世紀不動產教育訓練中心」教授法拍屋投資系列課程，學員的課後反應都非常好。「創世紀不動產教育訓練中心」為全臺唯一通過政府ＴＴＱＳ教育訓練認證的不動產實戰機構，共有土地開發系列課程、仲介代銷系列課程、法律及地政系列課程、會計節稅系列課程、營造施工設計系列……等課程，上過課的學員超過４萬３千人次，百分之九十的上市、上櫃建商都是公司的學員，並擁有一百五十堂線上雲端課程，幫助了非常多的學員，從不懂不動產到成為一方之霸的建商，也幫助了許多仲介、建設、代銷、地政士等不動產從業人員，提升專業技能、增加業績，並認識更多人脈。

非常高興得知黃老師即將要出法拍屋的專書，教導一般人正確投資法拍屋的方法，法拍屋的投資非常的專業，又分為「點交」的法拍屋與「不點交」的法拍屋，其中又牽涉到共有土地處分的問題。土地法34之1條規定：「共有土地或建築改良物，其處分、變更及設定地上權、農育權、不動產役權或典權，應以共有人過半數及其應有部分合計過半數之同意行之，但其應有部分合計逾三分之二者，其人數不予計算。」黃老師在共有土地處

分上面也有許多的實務經驗，可以跟讀者分享其投資實戰。

　　誠摯的推薦此書，希望讀者能藉由此書進入法拍屋投資致富的大門。持有本書向「創世紀不動產教育訓練中心」報名課程的讀者，可另享９折優惠。

林宏澔

創世紀不動產教育訓練中心／總經理
臺北市建築經營管理協會／理事長
逢甲大學土地管理系／兼任助理教授

推薦序／陳桂銘

　　書中自有「黃金屋」，能夠看到黃老師出大作，在百忙之中（從星期一忙碌到星期天）還能夠撥出時間字字寫出、整理出這樣精闢的見解，透過淺顯易懂、條理分明、井然有序的實際案例剖析，能夠看到黃老師的書，猶如中樂透般的喜悅萬分。

　　透過書中的案例陳述，明白告訴你適用法條、利弊得失、解決之道及勝敗關鍵，怎麼標？如何標？可不可以標？每頁的陳述都是投資法拍中的致富金磚密碼，加以學以致用，就是源源不斷的財富。

　　跟黃老師認識十餘年，知道黃老師總是抱持著謹慎、小心、專業、圓滿、和諧、依法行事的態度在處理法拍物件，我在想，當這本書發行之後，臺灣不知道又要增加出幾位億萬富翁？財政部國稅局實在應該發感謝函給予黃老師啊！

陳桂銘

高仕不動產科技（股）公司／總經理
《房仲勝經》作者
精準銷售、快速成交、疑難房地產處理專家
房地產實戰經歷 20 餘載

推薦序／曾文龍

臺灣的不動產景氣，經 2 年奢侈稅的閉鎖期及 2016 年開始施行房地合一稅，加以提高房屋稅及地價稅，不動產交易量急速量縮和價格下跌，市場上瀰漫著低靡觀望的悲觀氣氛，景氣趨勢往下。有人說，不動產愈不景氣，法拍物件愈多，從事法拍相對利潤也愈高。法院不動產拍賣市場是一條致富的捷徑，依據統計長期涉足此行業，不是大富也有小康，沒有大賺也有小賺，是專家事業！

目前市面上法拍屋的參考書，大多數是法官、律師、檢察官或大學法學及地政教授，利用法條來解析，全書過於深澀，一般讀者難以了解。黃老師從事法拍屋投資代標及教學超過 30 年，處理過法拍物件將近 2000 件，有許多寶貴實務經驗，本書歸納了 70 個實際法拍案例，以口語化、說故事圖像化方式，針對不同法拍筆錄內容來解析，以及所要採取的因應措施，讓讀者在看完此本書時，心中自然有一把衡量的尺。

本書是一本實務教材，將法條與實務作翔實的結合，從查封、看屋、投標、點交、不點交……整套流程都清清楚楚，還有各式技巧跟叮嚀，非常實用，尤其將冰冷的法律條文與法拍真實

故事做非常巧妙的組合，教導讀者挑選、投標和購買法拍屋的訣竅，以避免買到有問題的法拍屋，這本書將是您最好的教戰手冊。

　　本書可以讓剛入門的新手，少繳昂貴的學費及走冤枉路所造成的損失，更能利用法拍的專業知識，在不動產投資中得到最高利益。

曾文龍
大日不動產研究中心／主任
中華綜合發展研究院不動產研究中心／主任

推薦序／黃蜻蜓

　　在某個機緣下成為黃老師的學員，一直很佩服老師多年來的實戰經驗，為了讓更多同學可以深入瞭解法拍屋的市場，有幸與黃老師合辦了幾次課程，每次上課，又讓自己對於法拍市場更加著迷，一直期望老師可以把精采故事案例集大成。

　　得知黃老師終於願將數年實戰經驗書寫成冊，筆者立刻自願當他的編輯助理，搶先一步拜讀黃老師的大作。內容豐富且實用，將標購法拍屋可能遇到的問題寫成淺顯易懂的故事及分析，可謂法拍界的寶典啊！

　　房地產投資不外乎預售屋、中古屋和法拍屋，其中法拍屋取得的成本通常是最低的。但一般大眾對法拍屋有負面的印象，像是怕有海蟑螂霸占、產權不清、黑道圍標……等等問題，所以都不敢去碰法拍屋。其實現在很多資訊已經比以前公開透明化了，只是多數人不了解而已，因為較少人接觸，競爭者少，這就是我們的機會啦！

　　黃老師總是能將原本複雜的法律，透過豐富的教學經驗，幻化成一篇篇風趣又帶著有些殘酷的故事，讓學生能更快的吸

收艱難的內容。幽默風趣的個人魅力及說學逗唱的口才，總讓學生在上課時有一種身歷其境的感覺，即使沒有實際參與過法拍，也會在講課的過程中，以為自己已歷經無數法拍戰役！

以投資的角度來看，因為取得成本低於市價，所以標購後再以市價行情轉手賣出，自然可以從中賺取利潤。如果以純自住的用途來說，也可以省下一筆錢喔！想買到便宜且安全的法拍屋，還需要好的教練帶領你，那就一定要跟緊「法拍天王」黃老師的腳步！

然書籍的篇幅有限，更深入、更生動的內容，仍要親自上過一次黃老師的課程才會有不虛此行的感覺，上過課的同學都覺得 CP 值很高！上完課程就能自己標購法拍屋，歡迎一起到法拍屋挖寶唷！

黃蜻蜓
宸熙學習網／總監

推薦序／蕭繼光

黃老師從事法拍屋投資、教學、顧問……等已超過 30 年，理論與實務無一不精，可以說是法拍房地產的活動百科全書，但詼諧風趣的黃老師卻喜歡稱自己為法拍界的街頭戰鬥家。

本書力求以實際案例來說明標購法拍屋可能出現的問題，並傳授法拍實務、作業、須知與點交技巧，將冰冷的法律條文與法拍的真實故事做非常精采的組合，教導讀者挑選、投標和購買法拍屋的訣竅，以避免買到有問題的法拍屋，這本書給你最正點的法拍入門指引！

和黃老師合作「互助法拍創富班實戰課程」已 10 多期了，五年多來數百位「新新探索」的學員對黃老師敬愛有加，黃老師上課常深入淺出，用說故事方式解說複雜法條讓同學理解，言論富有思想衝擊力，又妙語連珠，格言警句迭出，同時又非常謙虛常自稱只會法拍這塊。

後學在不動產界從事土地開發、金融服務十餘年，見識過諸多法拍高手，其中就以黃正雄老師的教學成效最為優異，尤其黃老師與敝公司所合辦的獨家法拍課程，因提供循環複習，讓學

員每次都有新的收穫，所以強力推薦想從事法拍的朋友絕對不要錯過這本法拍聖經！您細讀過以後一定會感慨黃老師為何沒有早點出書！

如果這本書還無法滿足您學習的渴望，也歡迎加入臉書「新探索互助不動產」社團，可獲取更多第一手黃正雄老師教學資訊！最近欣聞黃老師將多年豐富的法拍實務經驗心得出書，感佩之餘，特以此序為之道賀！

蕭繼光
新新探索企業、金融投資理財／總監
互助法拍／執行總監

推薦序／籃茂山

時代變遷，法拍屋案量銳減，從一日百件到一日三件，投資客莫不苦不堪言，唯「透明房訊」會員——黃老師的學生笑呵呵！何故？

具 30 年講師經驗的黃老師，教大家如何跳脫競爭激烈、利潤又一般般的點交案件，鑽研 30 種以上的法院不點交案件，精闢分析 100 種以上的共有物持分案件，當人家不要、不敢、不懂的時侯，你已經深入經藏，獲利 50% 到 200%。

別人眼中的芭樂件，就是你致富的管道，本書將一一為您釋疑，淺顯易懂，教您如何避開一般大眾的投資購屋物件，直搗黃龍，獲利加倍！

籃茂山

104 法拍網／總經理
《透明房訊》雜誌社／總經理
臺灣不動產拍賣協會／常務理事
25 年法拍屋專業代標經理人

目次

九、特殊物件篇

十、刑法篇

十一、費用篇

一、概念篇

什麼是法拍屋？

　　一般債權人對債務人欠債不還，最頭痛的，莫過於無法查得債務人的財產了。因為債務人如果無財產，或是訴訟期間將其財產脫產殆盡，縱使債權人取得勝訴，判決確定或是其他執行名義，仍因債務人無財產而無法獲得清償，因此債權人討債時，經常是在和債務人比賽速度。

　　俗語說的好：「借錢一張笑臉，不還錢又是一張臭臉。」所謂錢不露白，常有好朋友因為金錢糾紛而翻臉。追索債務，「執行名義」非常重要，常用的執行名義如下：

（一）假扣押、假處分、假執行裁判或裁定；

（二）依民事訴訟法成立的和解筆錄或調解筆錄；

（三）仲裁判斷（仲裁人於當事人間，與法院的確定判決有同一效力的判斷）；

（四）各鄉、鎮、市、區調解委員會調解成立，並經法院核定的調解書；

（五）依公證法規定得為強制執行的公證書；

（六）抵押權人或質權人，為拍賣抵押物或質物的聲請，經法院為許可強制執行的裁定及確定證明書；

（七）債務人未於不變期間內提出異議的支付命令及確定證明書（修正為有強制力，但無既判力）；

（八）法院許可對本票發票人強制執行的裁定及確定證明書；

（九）經法院認可的外國法院確定判決；

（十）中華民國法院終審確定不得上訴的民事判決及確定證明書；

（十一）依臺灣地區與大陸地區人民關係條例規定，聲請法院認可的大陸地區民事確定給付判決；

（十二）依國家賠償法，賠償義務機關與請求權人協議成立的協議書。

　　債權人有以上任何執行名義，可請求稅捐稽徵機關提供債務人財產、所得、營業及納稅等資料，以利強制執行。

※ 法拍屋不動產的查封程序如下：

（一）債權人提出「執行名義」向民執處聲請，並繳交訴訟標的執行費；

（二）實施查封：

　　1.「建物」查封，假如無人在家，一般會在大門右側揭示封條；如果有人在家，即在屋內任何處所揭示封條；

2.「土地」查封，因為土地只有地號、地籍圖，法院執法人員及債權人不知土地正確位置，可以向當地地政事務所申請指界，在被查封土地插上告示牌，並拍照存證；

（三）鑑價：請不動產估價師鑑價；

（四）請債權人及債務人限期內就鑑定價格表示意見。

※ 拍賣程序：

（一）拍賣公告：第一次拍賣日期、底價、不動產占有現況，如點交或不點交、土地及建物謄本資料；

（二）公開拍賣三次，彌封投標，比賽價金，流標時，現場債權人可以以當拍底價承受，債權人有二人以上願承受者，以抽籤定之；

（三）應買公告：價金為第三拍流標底價，請注意價金是固定，因此比賽速度；

（四）前項三個月期限內，無人應買前，債權人亦得聲請停止前項拍賣，而另行估價或減價拍賣，如仍未拍定或由債權人承受，或債權人未於該期限內聲請另行估價或減價拍賣者，視為撤回該不動產之執行；

（五）通知行使優先承買權：「物權性質優先債權性質」的承買權。物權優先購買權如「土地法第104條」、「民法第426-2條」及債權優先購買權如「土地法第34條之1」；

（六）核發不動產權利移轉證書；

（七）點交：如筆錄載明點交，可向民執處聲請點交；但如為不
　　　點交，則可在民事庭訴請遷讓房屋，或返還租賃物或拆屋
　　　還地等民事官司。

法院拍賣、作業流程表

※ 債權人申請執行（提出於執行法院）：

　　→法院收狀

　　→執行處法官（事務官）

　　→函知地政機關（查封登記）

　　→債權人、債務人及相關人員詢價（限期陳述意見）

　　→公告及登報（定期拍賣）

　　→第一次拍賣（流標 -20%）

（再行拍賣之期日，距公告之日，不得少於十日、多於三十日）

　　→第二次拍賣（流標 -20%）

（再行拍賣之期日，距公告之日，不得少於十日、多於三十日）

　　→第三次拍賣（流標）

（第三次拍賣流標後，十日內公告應買日期）

　　→應買公告（公告三個月）

（以前次底價，登記應買依照遞狀登記先後順序，唯應買時應先

電洽該股書記官）

　　→第四次拍賣（俗稱：特拍）

　　→拍定（優先購買權人：有優先購買權人時須通知）

　　→拍定人；優先購買權人繳清尾款及價金（七日內）

　　→核發權利移轉證明書（10 ～ 14 天）

　　→產權過戶

　　1. 稅捐機關：申報契稅、完稅、查欠工程受益費；

　　2. 地政機關：辦理所有權登記；

　　→不點交或點交

　　→拍賣完成

※ **不點交：**

　　→法院開庭

　　→取得法院勝訴判決書

　　→強制執行

　　・ 行使之權利：民法 §184（侵權行為）、民法 §179（不
　　　 當得利）、民法 §767（物上請求權）；

　　・ 所有權之保護：訴訟→申請。

　　1. 假執行：債權 1/3 提供擔保；

　　2. 假扣押：動產。

※點交：

　　→公文下來（限債務人或現住人 15 日自動搬遷）

　　→公文下來（書記官定期現場履勘）

　　→法官（事務官）現場履勘（協調搬遷日期）

　　→公文下來（定期強制執行）

資訊的取得

案例

張三以前專門投資預售屋、中古屋及出租套房，所以與信義、永慶、21 世紀、東森、中信、住商等房屋仲介相當熟悉，與知名建商也有交情。但現在不動產不景氣，許多好友、同行投資預售屋被斷頭，於是張三決定涉足法拍屋市場，但法拍資訊相當封閉，張三該如何收集法拍屋資訊？

解析

（一）資訊來源

　　在投標法拍屋之前，必須先收集法拍屋不動產物件的資料，從中挑選自己喜歡的物件。可獲取法拍資料的管道有以下六種：

　　1. 各地方法院民事執行處公布欄所張貼的公告；

2. 各家銀行內部的公告欄；

3. 法拍資訊雜誌，例如《透明房訊》；

4. 代標公司的網站；

5. 法拍屋現場張貼小廣告；

6. 司法院法拍屋網站。

收集資訊最好的方法，建議投標人先上免費的司法院法拍屋網站下載法拍屋資料，再核對《透明房訊》法拍資訊，兩者相互交叉對比，可以避免人為的因素而發生錯誤。

司法院提供的資訊比較簡略，而《透明房訊》是付費雜誌，內容非常充足，如公設坪數、建築完工日、他項權利、查封日及查封債權人、平面圖及建物謄本、流標記錄等重要資訊，以上資料對投標人在決定投標價金有很大的幫忙。

・**司法院法拍屋網站：** http://www.judicial.gov.tw/db/alx.asp

（二）詳細閱讀法院公告內容及查閱法院查封筆錄

A、地政資料：

不動產座落土地及建物的權利範圍是持分的或全部，請注意不動產的權利範圍，如果是一分之一，不是全部，而是「公同共有」。增建部分的建號是臨時建號，拍定後會自動消失。

B、查封筆錄：

1. 投標日期、時間、地點、底價、投標保證金；

2. 占有情形點交、不點交、排租中或部分點交，但部分不點交；

3. 如果只拍賣土地，但土地上的地上物無拍賣，或只拍賣土地的地上物，但土地無拍賣，要注意地上物占有土地，是有權占有或無權占有；

4. 如果只拍賣素地，要分辨是建地、既成巷道、法定空地、公共設施保留地或道路用地等，以便分析判斷土地真正的價值，要注意內政部的實價登錄等資訊僅供參考；

5. 優先購買權的種類：依土地法第 34 條之 1、第 104 條、第 107 條、民法第 425 條之 1、第 426 條之 1、第 426 條之 2、第 460 條之 1、第 824 條第 7 項、第 838 條之 1、第 876 條、耕地三七五減租條例第 15 條、農地重劃條例第 5 條、第 23 條、農地重劃條例施行細則第 37 條、文化資產保存法第 28 條、地籍清理條例第 12 條、祭祀公業條例第 52 條等；

6. 定有應買資格或條件：例如外國人、外國公司、原住民或私法人標購耕地；

7. 車位：是法定停車位、獎勵車位、增設車位、車位的正確位置。

（三）親自到當地地政事務所

申請土地地籍圖、建物平面圖、土地及建物登記謄本、使用分區等相關地政資料，與法院公告仔細的核對，更能夠確保資訊的正確及自身的權利。

古人說的好：「工欲善其事，必先利其器。」在法拍市場中，資訊是最重要的工具之一，資訊即是情報，因此資訊的蒐集、了解、分析、組合，資訊的正確及即時更新，決定法拍屋投資的利潤高或低。

關於情報資訊的來源，筆者從事法拍屋教學與投資逾20年，都是參考《透明房訊》法拍資訊及「透明實價網 APP 專業版」。

「透明房訊雜誌社」成立於民國75年，全國有七個分公司，提供全國18家法院不動產拍賣資訊（含金拍屋、法務部行政執行署、非法院標售等拍賣資料），與司法院法拍屋最大差別在於提供謄本、平面圖及地籍圖等資訊，不動產業者想要取得法拍屋資訊，第一個就會想到《透明房訊》。

另外，於 1997 年成立的「104 法拍網」，專做代標服務，也是目前國內代標從業人員最大的公司，更於 2013 年推出「透明實價網 APP 專業版」，讓實價登錄更加透明化，社區名稱全都「露」，一手掌握最新行情動態。包括中古屋、法拍屋、預售屋、市場待售快搜……等等。

投標前、履勘法拍屋現場技巧

（一）法拍屋分類

1. 四樓公寓；

2. 七樓公寓；

3. 大樓（有管理員）；

4. 國宅；

5. 工業廠房；

6. 別墅；

7. 小套房（如：中山北路、林森北路）；

8. 四樓（點交）＋增建（不點交）；

9. 七樓（點交）＋增建（不點交）；

10. 一房間不點交，其他點交；

11. 筆錄載明：依債權人查報，債務人自住或空屋，如查報
    屬實點交，否則不點交（以板橋地院最多）；

12. 其他。

（二）履勘法拍屋現場注意事項

1. 要確定現住人是誰或誰能做主？

2. 如無人在家，一定要留字條，表明來意（請留行動電話，
    不可留私人電話）；

3. 如有人在家，我們要表示誠意，態度溫和、誠懇，希望進入屋內詳談。目的看內部格局與裝潢、廁所、廚房等設施（盡量多聽少說，切記言多必失）；

4. 表明自己受別人之託來看房子，希望對方先開價（注意自己絕對不能先開價）；

5. 假如初訪無交集，請留下彼此的聯絡方式及電話；

6. 同棟法拍屋，最好由兩組人馬在不同時間分別拜訪，其結果比較客觀；

7. 左右鄰居、管理員、管委會，皆可打聽現住人情形（一般法拍屋積欠管理費嚴重，執行要點：我們假裝買到法拍屋，要替前屋主繳清管理費，因此由管委會得知寶貴情報）；

8. 拍定前、預估搬家補償費（參考）。

二、查封篇

假扣押

案例

張三是小型代工廠負責人，專門製造小五金，本身是製造商，沒有貿易人才，所以外銷部分皆交與貿易商李四的公司，往來約 10 年左右。李四最近向張三進貨新臺幣 120 萬元，但事後拒絕付款給張三，而且公司人去樓空，避不見面，請問張三應該如何處理？

解析

　　討債是比賽速度，張三應馬上對李四公司提起訴訟，或向法院聲請核發支付命令。或許可本票強制執行裁定，取得執行名義前，為防止李四公司隱匿脫產，須先對李四公司的財產，例如土地、房屋、銀行存款、股票或其對第三人可請求給付的金錢、權利、不動產等，向法院聲請假扣押或假處分，以避免以後進行強制執行前，債務人已脫產，而求償無門。

※ 聲請假扣押的要件：

依民事訴訟法第 522 條規定，係債權人就金錢請求或得易為金錢請求的請求，欲保全將來的強制執行，向法院聲請禁止債務人處分其財產的程序。一般法院定假扣押的擔保金為債權人請求債權金額的三分之一，但法院均會載明債務人提供債權人請求的全部金額為擔保金（即俗稱「反擔保」）後，可免為或撤銷假扣押。

法院裁定假扣押債權人於收受假扣押裁定後，依強制執行法第 132 條第 3 項規定，應於「30 日」內聲請強制執行，否則該假扣押裁定失其效力。因此債權人收受假扣押裁定後，須依該裁定向法院提存所提存擔保金，再具狀聲請強制執行。繳納執行費為債權金額的千分之八。

債務人為了避免遭假扣押的財產長期凍結，影響其資金運用，債務人可向法院聲請命債權人「限期起訴」，如債權人未依法院所定期限起訴，債務人可以此為由向法院聲請撤銷假扣押裁定，民事執行處則依職權發函撤銷有關機關的查封登記及執行命令，債務人如有提存擔保金，便可向法院聲請裁定返還，再向提存所取回該擔保金。

由上說明可知，張三為了確保其貨款可獲得清償，於查得李四公司名下的財產後，應向法院聲請假扣押。取得假扣押裁定後，於 30 日內再提供擔保聲請假扣押強制執行，預防李四公司

脫產而求償無門，又經假扣押執行向債務人第三人所收取的金錢。於本案訴訟未確定判決前，如有其他債權人聲請強制執行，則就假扣押債權人應分配的金額，民事執行處將予以提存，等判決確定後，依判決結果再分配於假扣押債權人（強制執行法第133條參照）。

本票裁定

案例

張三年輕時在南投服陸軍常備役，和軍中好友李四在部隊中時常互相幫忙。事過20餘年，李四與張三有一天恰巧在臺北碰面，兩人把酒憶當年，好像時光倒流，回到年輕時代。

有一天，李四突然打電話給張三，要求臨時周轉新臺幣60萬，約定半年後還款，張三爽快答應並交付金錢，同時要求借款簽立新臺幣60萬本票。但半年後，債務人李四無法清償而且避不見面，張三找到李四家人商量還款事宜，但他們都說很久沒跟李四聯絡了，而且音訊全無，人間蒸發，可能跑到中國大陸，遠走高飛了。

┃解析┃

　　古語說的好：「財不露白，知人知面不知心。」張三只持有債務人李四簽立新臺幣 60 萬本票，也沒有不動產抵押設定，因此張三持有的債權是普通債權，建議債權人張三趕快聲請本票裁定。

　　討債是比賽速度，至於發票人（李四）如不服本裁定，應於裁定送達後 10 日內向法院提出抗告狀，並繳納抗告費新臺幣 1000 元。發票人如果主張本票係偽造、變造者，於接到本裁定後 20 日內，得對執票人（張三）向法院另行提起確認債權不存在之訴。

　　如已提起確認之訴者，得依非訟事件法第 195 條規定聲請法院停止執行。債權人張三如取得本票裁定書及確定證明書，依法可強制執行債務人李四所有的財產，當然包含不動產。但張三只是普通債權人，將來不動產被拍定後，分配價金的順序在後面，實務上有百分之九十最後都變成呆帳，法院會發給張三債權憑證而已。

　　因此再三建議，朋友之間最好不要有金錢往來，所謂「君子之交淡如水」，好朋友常會因金錢糾紛，彼此翻臉不認人。

一樓加蓋違章建築

案例

張三原本在臺北當包租公，投資小套房及雅房出租，但最近房價下跌，外銷也連 15 個月黑色警告，景氣不見好轉。他年紀已逾 65 歲，想搬回鄉下老家養老，於是參考了法拍屋網站找到一樓住家，前後都有院子，適合種菜或種花。

雖然法院公告權狀 60 坪，但實際目測約 75 坪左右。由於大環境很適合張三，他毫不猶豫投標，最後也以低價得標。於 7 日內繳足尾款，並領取不動產權利移轉證書後，聲請點交時才發現，一樓有增建廚房及廁所，合計 15 坪左右，而此部分不在拍賣範圍內。因為四周增建往往與主建物合在一起，外觀不易區分，債權人查封時不容易發現，請問張三如標購此種法拍屋，該如何處理增建 15 坪的問題？

解析

依最高法院 85 年度臺上字第 807 號判決意旨：「上訴人在原配住房屋加蓋之增建部分，或與原建物使用共同壁，或加建在原建物之上，仍須利用原建物之門戶進出，而無獨立之進出通

路，各該增建部分，既已與原建物附合而成為一整體，即成為原建物之重要成分，依民法第 811 條之規定，應由原建物之所有權人取得各該增建部分之所有權。」

因為廚房及廁所增建部分無獨立出入口，與主建物合為一體，進出必須通過主建物一樓的大門，增建部分已無獨立性，因此成為主建物所有權的一部分。民法第 811 條：「動產因附合而為不動產之重要成分者，不動產所有人，取得動產所有權。」

實務上，地方法院民執處不點交增建部分，但拍定人張三事後可以訴請法院遷讓房屋（增建部分即廚房及廁所約 15 坪面積），原債務人不得主張 15 坪面積未在拍賣範圍，拒絕交付。但債務人如認為有受損害，得依關於不當得利之規定，請求償還價額（參考民法第 816 條：添附之效果）。

頂樓加蓋違章建築

案例

張三在臺北的房屋約 30 坪（三房兩廳，一套衛浴設備），但最近南部的父母要上臺北與他長住，現在空間不足，如要買 50 坪的公寓，遠超過張三經濟負擔。

好友告訴他，法拍屋比市價便宜很多，於是張三到法拍屋網站尋找合適物件。有一天，他看到臺北市中山區一間四樓加蓋五樓（增建），使用坪數約 50 坪，四樓有權狀 30 坪，五樓違章建築約 20 坪。拍賣底價便宜，在張三的預算內，不過五樓沒有標示價金，換言之，五樓沒有併附拍賣，只拍賣四樓（有權狀）。請問張三如標購此種法拍屋，該如何處理五樓？

解析

五樓增建原則，是四樓私自加蓋的違章建築，債權人如在查封四樓時，請求法院連同五樓一起查封，併附拍賣，並標示五樓價金，此時拍定人自然已取五樓，但查封時如未同五樓違建一起查封，拍定人只取四樓所有權，此時前手債務人常搬到頂樓（即五樓）違建住，造成拍定人很大的困擾。

違章建築的獨立性要有兩項要件：具有獨立出入口，且有獨立經濟價值作為參考的依據。

至於頂樓加蓋違建（即五樓）與四樓中有內梯出入，門戶是以四樓之門戶，此時可認為五樓應屬民法第 68 條規定是四樓之從物（或民法第 811 條），則拍賣效力仍及頂樓（五樓違建）。

至於何謂獨立經濟價值，常參考有無獨立的水表、電表、

有沒有戶政單位編列門牌等。

在實務上,執行地方法院書記官在拍定後,拍定人在聲請點交時,書記官一般只會點交四樓而已,假如請求將五樓一起點交,他會建議拍定人訴請法院遷讓房屋民事訴訟。拍定人如要取得五樓,有以下三種方法:

1. 給五樓搬家費,取得五樓實質處分權;

2. 民事訴訟遷讓房屋(如不具獨立性,可依民法第 68 條或民法第 811 條);

3. 拍定人以區分所有權人之身分,依民法第 821 條及第 767 條或侵權行為等,為全體共有人(即公寓大樓全體住戶)本於回復屋頂平臺,訴請法院將五樓違建拆除,騰空返還屋頂平臺。如果五樓拿出興建違建時已取得全體住戶同意書,或購買預售屋時,與建商及住戶約定頂樓住戶享有頂樓專用權,可加蓋五樓(違章)的權利,但四樓已被拍賣,原屋主(即債務人)早喪失區分所有權人身分,對於屋頂平臺即非共有人之一,以前可使用收益之約定,根本不存在了。

再強調,違章建築如無獨立出入口,而且必須依附在原建物才能顯現其經濟價值,則為原建物之一部分(民法第 811 條)或從物(民法第 68 條)。

三、看屋篇

大環境

案例

張三從高雄到臺北工作，有意在臺北長久定居，希望在好的區域買房子。他聽說臺北大安區是蛋黃區，生活機能好、交通便利、環境最佳，不過他在臺北人生地不熟的，於是決定委託當地仲介公司幫忙找屋。臺北房價與高雄差很大，尤其是敦化南路與仁愛路附近，每坪皆是天價。

有一天，大安區的仲介公司業務告訴張三，有一間坪數大小、室內裝潢及格局都符合張三的需求，尤其價錢便宜，相當親民。張三聽了非常高興，馬上跟仲介到房屋現場附近參觀。但他發現雖然是大安區，然而地段附近都是殯葬業，學區也差，生活機能與敦化南路、仁愛路、忠孝東路等是兩個截然不同的世界，顯然天差地別，難怪房價這麼便宜。請問張三要如何挑選物超所值的法拍屋？

買房是人生大事，絕對要三思而後行，看屋先要決定區域、地段、學區、大型公園、捷運等。張三是高雄人，對臺北的蛋黃區資訊可能是從電視、報紙、雜誌等大眾媒體得知，僅知大安區是全國首善之區，但也有不好的地段，例如殯葬業等，因此買方看屋時，一定要親自與親朋好友現場參觀，綜合大家客觀意見，再作出明智決定，請注意！買房先決定大環境才是上策。

小環境

案例

張三決定購買臺北蛋黃區，也看好適當的地段，學區也不錯，捷運、車站離家走路約 5 分鐘就到，附近也有超市，總而言之，生活機能還不錯。重點是房價也在張三預算內，於是經過家庭會議後，慎重決定標購這間法拍屋。

當全家人高興入住後，只可惜好景不常，樓下住戶可能夫妻不合，常常吵架，或是喝酒鬧事，警察也常找上門。另外，頂樓住戶有出租一個房間給手機基地臺，引起全體住戶抗議，但對方置之不理。請問張三要如何處理？

解析

　　張三雖然已正確決定大環境（如區域、地段、學區、交通等），但顯然忽略了小環境。所謂「百萬買房，千萬買鄰」，一般而言，小環境是要注意附近有無嫌惡設施，如高壓電臺、手機基地臺、宮廟、色情行業、加油站、瓦斯行，及樓上、樓下、左鄰右舍的住戶品質。

　　買法拍屋要特別注意該大樓管委會組織是否健全，物業管理公司總幹事、管理員的服務態度，例如大樓出入管理、住戶垃圾分類、公共空間清潔、公共樓梯有無堆積舊家具，及各住戶門口鞋櫃等。總而言之，管理愈嚴格的大樓，住戶安全有保障，而且房價也有增值的空間。

與現住人或債務人溝通技巧

案例

張三買屋慎選大環境，更注意小環境。以前買屋以中古屋或預售屋為主，不管要看屋內裝潢及格局，賣方都熱忱歡迎。但是當張三要拜訪法拍屋債務人李四時，發現要進入屋內相當困難，甚至李四偶爾會惡言相向或拒絕開門。請問張三要如何拜訪法拍屋，與債務人彼此交談？

■解析 ▶

　　法拍屋與中古屋、預售屋的賣方心態完全不同，中古屋或預售屋，賣方都非常高興買方參觀，因為賣方是主動銷售，客戶愈多愈好，才有高價出售的機會。但是法拍屋的屋主是債務人，他因為欠債不還，被法院查封拍賣。常有房屋已被法院拍賣後，還積欠許多債權人的金錢，所以債務人一般對看屋者都抱持著敵對的心態。

　　建議法院投標人看屋時，一定要有同理心，盡量與債務人交朋友，互相認識、了解、尊重、合作，善用「Yes 話術」。拜訪時以自住客角色，說自己是從南部上臺北想買屋自住，不要說是要投資，免得對方認為我們是奸商，破壞初次見面的氣氛。

　　一般而言，我們只要口氣、口德良好、口才誠懇即可，並且以同理心告訴債務人，假如對方想標回，我們就不標，由於債務人不能投標，此時可以協助債務人找自己的親朋好友標回去。我們主要是希望幫助債務人解決資金的問題，而不是去搶奪他的財產。

　　此時債務人可能會降低對投標人的戒心與敵意，投標人應盡量爭取進入法拍屋現場的機會，才能了解屋內的裝潢及格局。

　　張三希望在有限時間看天花板、地板、廚房及廁所等設備，來決定投標的價金。假設債務人想離開此傷心地，不想標回，我們可以明白告訴對方，假如我們有標到，會協助對方搬家，同時

很有誠意地表達會給予一筆搬家費。

　　所謂化干戈為玉帛，彼此和氣生財，只要我們表現最大誠意及善意，對方不會破壞屋內設備，這一點非常重要。

履勘土地

案例

張三以前專門投資法拍屋，以建物為主，所以特別注意法拍屋的大環境、小環境及屋內裝潢與格局，拜訪建物因為有門牌，因此與債務人溝通比較簡單。

但是要找法拍土地就比較複雜，因為土地雖然有地籍圖及地號，但是投標人張三並不是土地所有權人，因此無法向地政單位申請鑑界，了解正確的位置。雖然現在有許多民間或官方網站，可以大概知道位置，請問張三該如何正確找到債務人的土地？

解析

　　標購法拍土地的專業知識，遠超過標購單純的建物，首先討論土地的位置，先參考「『透明房訊』法拍網」，上面有都市

計畫圖、建物街道圖、土地位置圖等，接著拜訪當地土地仲介公司，或是直接找債務人，假裝要購買債務人的土地，重點是出價要高一點，賣方才會願意帶投標人到法拍土地現場。

投標人張三接下來要特別留意：

1. 只拍賣土地，但是土地上面有地上物，無併附拍賣；

2. 只有拍賣土地上的地上物，但土地無併附拍賣；

3. 地上物有無越界建築鄰地等問題；

4. 被拍賣之土地如係土壤、地下水有被污染，要特別注意。

以上幾點，都是投標人事先要準備的，免得錯誤判斷。

附註：關於土地的資訊查詢，可參考臺北市地理資訊 e 點通，或是內政部地籍圖資便民系統。

- **臺北市地理資訊 e 點通：**http://addr.taipei
- **內政部地籍圖資便民系統：**http://easymap.land.moi.gov.tw/

四、投標篇（準備）

　　張三初次投資法拍屋，也看許多地點適中、交通便利、價錢便宜的物件，他決定投標前，要注意以下幾點事項：

（一）先確認投標人信用有無瑕疵，請投標人電洽金融聯合徵信中心，地址：臺北市重慶南路一段 2 號 16 樓，電話：(02)2191-0000，請注意投標人信用如有瑕疵，銀行不貸款或貸款額度降低很多。

（二）法拍屋物件如有以下情況，銀行代墊額度將會降低，甚至不貸款，請投標人特別注意：1.不點交；2.凶宅；3.海砂屋；4.輻射屋；5.地震屋；6.持分；7.地下室；8.含公設 13 坪以下之套房；9.只拍賣土地，建物無拍賣；10.只拍賣建物，土地無拍賣；11.宮廟；12.建物及土地持分比例不一致；13.空屋率偏高地區等。

（三）投標保證金應以經財政部核准之金融業者為發票人之支票、匯票或本票，如果以個人支票或書店買的商業本票去當保證金是禁止的（投標保證金是法院公告底價的兩成，但臺中地區是底價的三成）。

（四）開立投標保證金

　　1.抬頭（票據受款人）最好是空白；

2. 如銀行一定要抬頭，可開投標人自己的名字；

3. 有抬頭支票，右下角絕對不可蓋「禁背字樣」；

4. 投標人將保證金放進保證金封存袋前，務必要在支票背面背書轉讓（簽名或蓋章）；

5. 如得標後，繳納尾款之票據受款人應指定為法院。

（五）法拍屋代墊銀行（聯邦、板信、安泰、遠東、臺中二信、臺灣企銀等），建議投標人先告訴上述銀行放款業務人員，想投標的法院、案號、座落等法拍資訊，先讓銀行預估最多代墊金額，也就是事先評估投標人標購自備款，因為得標人不待通知即應於得標後七日內繳足全部價金，不得以任何理由要求延長繳款期限。

（六）不動產依法有優先承買權人時，待優先承買權確定後，另行通知繳交。

（七）拍定後，如依法准由優先承買權人優先承買或撤銷拍定程序時，得標人所繳納之保證金及價款均無息退還。

法拍屋投標流程

※ 叮嚀小語

法拍屋因多半無法入內勘查現況，在決定下手投標前，應先仔細打聽，並注意投標前、後的各項細節。

（一）投標前

1. 注意手續與填寫表格：

選定欲標之法拍屋，記下標的物股別、案號，以及該案件土地及建物之公告資料。向法院購買投標書，投標書載明願出之金額，並附保證金（依各個法院之規定，約 20% 至 30%）的銀行本票，如委託他人代標，需附委任狀，在投標日當天投入法院投標室的標箱內。

（二）得標後

1. 七日內洽銀行代墊尾款：

拍定人須在拍賣日起算的七日內，將全部的價金繳齊，待過戶完成取得權狀之後，才可辦理房屋貸款，因此這中間產生了「代墊」的問題。目前市面上有幾家金融機構有提供代墊款的服務，代墊之金額約為投標底價的七、八成左右（以銀行評估為準）。但須注意，若是「不點交」之物件，目前並沒有銀行承接這項業務。

2. 點交：向法院遞點交狀

標購法拍屋，應注意得標後的注意事項中，又以「點交」的學問最大。許多人以為註明「點交」的個案，法院會主動幫您交屋，其實不然，即使是「點交」的個案，得標人仍需向法院遞

點交狀才行。

3. 產權：向地政機關申請產權登記

　　拍定人繳清價金後，法院會在二周左右的期間，核發權利移轉證書給拍定人，拍定人據此向地政機關申請產權登記，登記完畢即取得所有權。

4. 搬家費：供原屋主遷出

　　通常一個點交的案件，須經歷三次以上的點交程序才能取得使用權。在實務操作上，拍定人最好準備得標價1%左右金額，作為原屋主的「搬家費」，以幫助交屋程序順利進行。

臺灣臺北地方法院強制執行投標書

案號	年度	字第		號	標別		標	股別	

投標人	姓　名 （名稱）		簽名 蓋章		法定代理人（簽名蓋章）	
	住址				出　　生 年　月　日	
	聯　絡 電　話		身分證統一編號 （營利事業統一編號）			

代理人	姓　名			簽名蓋章	
	住　址			出　　生 年　月　日	
	聯　絡 電　話		身分證 統一編號		

<table>
<tr><td rowspan="2">編號</td><td>土地坐落及面積</td><td>地　號</td><td>權利範圍</td><td colspan="2">願　出　價　額</td></tr>
<tr><td></td><td></td><td></td><td></td><td></td></tr>
<tr><td>1</td><td>詳如公告</td><td></td><td></td><td colspan="2"></td></tr>
<tr><td>2</td><td>詳如公告</td><td></td><td></td><td colspan="2"></td></tr>
<tr><td>3</td><td>詳如公告</td><td></td><td></td><td colspan="2"></td></tr>
<tr><td>編號</td><td>建　　號</td><td>建物門牌</td><td>權利範圍</td><td colspan="2">願　出　價　額</td></tr>
<tr><td>1</td><td></td><td>詳如公告</td><td></td><td colspan="2"></td></tr>
<tr><td>2</td><td></td><td>詳如公告</td><td></td><td colspan="2"></td></tr>
<tr><td>3</td><td></td><td>詳如公告</td><td></td><td colspan="2"></td></tr>
</table>

委任狀

委任人即投標人茲委任
　　　先生（女士）為代理人，並有民事訴訟法第七十條第一項但書及第二項規定之特別代理權。

委任人（簽章）

代理人（簽章）

動產	物品名稱、數量詳如公告

總價	億　仟　佰　拾　萬　仟　佰　拾　元

應買人須有法定資格者，其證明文件名稱及件數：

注意事項	請詳閱背面關於投標無效之情形；其他應注意事項請參考「地方法院民事執行處不動產投標參考要點」。

保證金金額	元	未得標者領回保證金簽名蓋章

※不動產附表不敷使用者，可由司法院網站　http://www.judicial.gov.tw 下載檔案

簽 名	簽 名
蓋 章	蓋 章

臺灣臺北地方法院強制執行投標保證金封存袋

委任人	年度　　字第　　　號　股別：			
投票人 　　姓名（名稱） 代理人			簽名 蓋章	
保證金 票　　據	□支票 □本票 □匯票	發票銀 行名稱	票號	
		付款銀 行名稱	金額	
備註	一、保證金應以金融主管機關核准之金融業者為發票人之支票、本票或匯票，放進封存袋內，將袋口密封。 二、未得標者領回時，其所蓋印章應與投標時之印章相同。 三、得標者，保證金即抵充價款；未得標者，由投標人當場簽名或蓋章並核對身分證明文件無誤後，領回本袋保證金。領回保證金後，應當場點清。			

民 事 委 任 書			年　字第　號　股	
姓名或名稱	出　生 年月日	職　業	住居所或營業所、 郵遞區號及電話號 碼、電子郵件位址	送達代收人姓名、 住址、郵遞區號及 電話號碼
委任人				
受任人				

為　　　　　　　　　　事件，委任人茲委任受任人為訴訟代理
人就本事件有為一切訴訟行為之權並有民事訴訟法第七十條第一項
但書及第二項所列各行為之特別代理權依照同法第六十九條規定及
司法院三十二年院字第二四七八號解釋提出委任書　　謹呈

臺灣　　　地方法院　公鑒

　　　　　　　　　　委任人

　　　　　　　　　　受任人

　　中　華　民　國　　　　　年　　　　月　　　　日

開標過程

張三以前是中古屋投資客，因好友李四專門投資法拍屋賺很多錢，張三也想投入法拍屋投資領域，但張三對法拍屋投標流程不清楚，請問法院民執處投標室投標流程為何？

解析

　　法院查封債務人不動產後，會先請估價師估價（建物與土地分別估價，但合併拍賣），假設初估新臺幣 1000 萬，法院會分別行文債權人與債務人，在限期內陳述意見。如果有意見，請舉證調高或調低；如果沒有意見，就以新臺幣 1000 萬為第一拍底價定期拍賣。

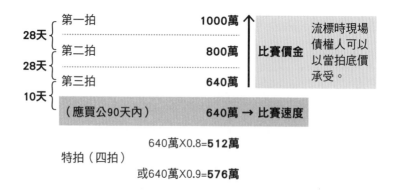

在實務經驗上，各地方法院或金拍屋在開標現場，當每個股別及不動產座落開標後，拍賣官都會在現場大聲公布兩件事：

（一）例如某股別某案號某座落不動產底價新臺幣 600 萬，A君最高標新臺幣 700 萬得標時，拍賣官會在現場大聲喊：「現場有沒有比新臺幣 700 萬更高價，但沒有開出的？有的話請舉手。」此時常有人馬上舉手，他說他馬上以新臺幣 700 萬得標價再加新臺幣 10 萬，也就是新臺幣 710 萬來搶標，這是完全錯誤的觀念！

拍賣官的意思，是指該股別的投標人已將投標單投入標櫃，是否有人的投標價金高於新臺幣 700 萬，但因標櫃中投標單太多沒找到，或者該投標單跑到別的股別了。因此拍賣官再確認的事情，是針對已投入標櫃，但投標金高於拍定價，拍賣官一時疏忽沒找到的時候，請馬上舉手，並不是事後可再加價。

（二）當某股別某案號某座落不動產流標時，拍賣官也會喊現場有沒有債權人要以底價承受？

※ 何種債權人可以底價承受？

1. 有執行名義的債權人；

2. 無執行名義而依法對於該拍賣之不動產有擔保物權或優

先受償權之債權人，依法聲明或執行法院依職權將其列入分配者，均得承受。

至於現場債權人之繳納方式分成兩種：

1. 與一般投標人相同7日之內繳納全部價金，約15日內領取不動產權利移轉證書；

2. 債權人的執行名義所載之債權額或應受分配之金額抵付價金。這種方式的缺點是必須等待債權人全部都沒有異議，價金分配完畢，換言之，債權人愈多，意見愈多。平均債權人超過五人，法院核發不動產權利移轉證書，往往超過2個月以上。

所以普通債權人如急需去銀行貸款時，建議用第一種方式，承受後7日內繳尾款，約15日內可領取不動產權利移轉證書，接下來繳交契稅，到地政事務所換取權狀，然後去銀行抵押設定後，銀行核貸放款。

至於現場有2名以上債權人要求承受時，原則上以抽籤定之。承受不動產之債權人，其應繳之價金超過其應受分配額者，執行法院應限期命其補繳差額後，發給權利移轉證書，逾期不繳者，再行拍賣。但有未中籤之債權人，仍願按原定拍賣條件依法承受者，不在此限，強制執行法第68條之2之規定，於前項再行拍賣準用之。

身分特殊的應買人應注意事項

（一）商號

可分為「獨資商號」及「合夥商號」，例如阿美小吃店。商號無法人資格，無權利能力，因此不能作為權利主體。請注意，獨資商號應以負責人名義為投標人，但合夥商號則應以全體合夥人名義為投標人。

（二）分公司

分公司是公司法人的分支機構，理論上自己並無獨立人格，但法院實務上認為，就自己業務範圍內的事項訴訟時，可以分公司的名義為當事人（最高法院52年臺上字第2866號判決）。

「申請土地登記應附文件法令補充規定」第10點明定：「法人之分機構不得為登記權利主體。其因判決確定取得之權利應以該法人名義辦理登記。」

其中更明確規定，分公司不得成為不動產權利之登記主體。總而言之，分公司並非權利主體，如以分公司名義參與法院投標等於是廢標，請注意必須以總公司的名義投標才行。

（三）外國人

依土地法第17條規定，我國林地、漁地、鹽地、礦地等不

得移轉於外國人，所以在拍賣上述土地時，外國人不得應買，也不能承受，也須受土地法第 18 條至第 20 條的限制。

- **申請程序：**

政府對口單位：市政府地政處地權及不動產交易科，需 14 個工作天。

- **準備資料：**

護照或居留證、使用分區證明、互惠平等條件、土地及建物謄本、法院公告、申請書。

（四）外國公司

政府對口單位：經濟部商業司，需 14 個工作天。

需先申請認許證，以及在臺灣訴訟及非訴訟代理人（身分證明文件）。

外國公司依公司法第 371 條規定，非在其本國設立登記營業者，不得申請認許。非經認許，並辦理分公司登記者，不得在中華民國境內營業。依公司法第 375 條，外國公司經認許後，其法律上權利義務及主管機關之管轄，除法律另有規定外，與中華民國公司相同。

因此外國公司，經公司法規定而在我國境內認許登記而營業者，與我國公司所享有的權利及負擔的義務相同，並要符合土地法第 17 條至第 20 條的限制。外國公司雖在臺灣有分公司，

但投標應以外國總公司名義投標，並以該外國公司在臺灣境內的訴訟及非訴訟的代理人代為投標，亦即由公司法第 372 條第 2 項的中華民國境內公司負責人，投標買受法院拍賣的不動產。

（五）外國人在我國開的公司，或外國人為股東的中華民國公司

外國人在我國設立的公司，仍為我國公司，有外國人參加為股東，而在我國依我國公司法設立的公司，性質上也是我國公司，可享有民法第 26 條規定的權利能力，而為權利主體，應可投標法院拍賣的不動產，並依據土地登記規則第 42 條辦理登記。

（六）寺廟

1. 個人獨資的寺廟：應以個人為名義投標。

2. 未經財團法人登記的寺廟，但必須已為「寺廟登記」的寺廟，得為權利主體，並得為土地、建物登記的權利人。例如「XX 廟」、「XX 宮」、「XX 祠」等。

3. 已為「寺廟登記」之寺廟，得為登記權利主體，申請登記時，應檢附下列文件：

   A. 寺廟登記表（寺廟登記內容變動者，應檢附寺廟變動登記證明表）；

   B. 代表人身分證明文件；

   C. 寺廟登記證及扣繳單位統一編號編配通知書。

（七）華僑

1. 雙重國籍者，以國人資格投標；
2. 喪失中華民國國籍者，則與外國人一樣，應受土地法規定的外國人地權限制。

（八）原住民保留地

只限原住民能投標，但要提出戶籍謄本證明身分。

（九）大陸地區人民及陸資公司投標方法

中華民國與大陸關係複雜，大陸人或陸資公司在臺灣法院標購不動產的方法，請參考「大陸地區人民在臺灣地區取得設定或移轉不動產物權許可辦法」，但因政治因素，許多大陸人民及陸資公司常利用「借名登記」或外資方式，標購法拍不動產。

（十）國民住宅

我國於 104 年 1 月 7 日起已廢止「國民住宅條例」。

（十一）私法人除符合農業發展條例第 33 條但書之規定外，不得應買或承受該條例第 3 條第十一款所指之耕地

只有農民團體、農業企業機構、農業試驗研究機構，經取得許可者，可應買或承受耕地。

申請許可的單位：

1. 先向承受耕地所在地之直轄市或縣（市）主管機關提出；

2. 經核轉中央主管機關許可並核發證明文件，憑以申辦土地所有權移轉登記。

準備文件：設立許可文件、承受耕地清冊、土地謄本及地籍圖、經營利用計畫書、位置圖。

如果拍賣標的為農舍，應買人於投標時要準備以下資料：

1. 稅捐稽徵單位開具之應買人房屋財產歸戶查詢清單正本；

2. 上揭清單所示房屋之使用執照影本；

3. 無自用農舍切結書正本。並將所有資料放入投標單內。

※ 附註：

1. 農民團體：指農民依農會法、漁會法、農業合作社法、農田水利會組織通則所組織之農會、漁會、農業合作社及農田水利會。

2. 農業企業機構：指從事農業生產或農業試驗研究之公司。

3. 農業試驗研究機構：指從事農業試驗研究之機關、學校及農業財團法人。

（參考：林永汀先生著《法拍實戰手冊》頁 98 ～ 114，永然文化出版公司，民國 93 年 8 月四版）

耕地

張三是一家電子公司的負責人，年滿 65 歲，退休後想在鄉下買一塊農地，平日種植蔬菜及水果，遠離城市，享受田園之樂，呼吸新鮮空氣，他請教土地代書，如要買農地，有沒有什麼條件限制？

解析

農業用地可分兩大類：

（一）指依區域計畫法畫定為特定農業區、一般農業區、山坡保育區及森林區之農牧用地；

（二）指依都市計畫法畫定為農業區及保護區。

耕地是指第一類（特定農業區、一般農業區、山坡地保育區、森林區）的農牧用地，自然人都可以投標。私法人只限農民團體、農業企業機構或農業試驗研究機構，經許可才有資格標購耕地。

至於農業區及保護區並沒有投標資格限制，因此張三可以用自然人身分，投標耕地、農業區、保護區，不要用私法人資格，免得浪費時間。

停拍的原因

案例

張三是退休軍公教人員，初次進入法拍屋市場，他參考法拍屋網站，鎖定五間理想的物件。因為張三腳部開刀過，上下樓梯不方便，最後他選定一間附有電梯及車位的華廈，離公園近，而且附近又有超市，生活機能很好。他先與聯邦商銀確認貸款額度，也準備兩成投標保證金。

當日他提早到法院民執處，看見許多人在投標室前觀望，張三也靠近，發現公告欄上停拍公告內容中，有他想投標的物件，讓他感到非常失望。請問何種條件會停拍？

解析

以下幾種情況，都有可能讓法拍屋停拍：

1. 符合強制執行法第 10 條延緩執行的要件；

2. 法律規定停止強制執行的原因：強制執行法第 18 條第 2 項規定，如持供擔保得為停止強制執行的裁定，已提存擔保金者；

3. 債權人撤回執行；

4. 拍賣公告有誤；

5. 拍賣公告未於法定期間前張貼或未依規定處所張貼；

6. 拍賣通知未送達債權人及債務人；

7. 拍賣條件變更：投標人資格、點交條件、租約被排除等；

8. 拍賣無實益；

9. 委拍：由法院拍賣中委託金拍屋拍賣；

10. 天災；

11. 未登報。

何謂應買？

案例

張三以前是包租公，也兼投資中古屋，但是最近不景氣，中古屋的投資報酬率降低很多，他想轉進入法拍屋市場。他訂了法拍屋專門雜誌《透明房訊》，法拍屋資訊常看到第一拍、第二拍、第三拍，接下來有所謂的應買公告。請問應買公告的流程為何？

解析

假設第一拍是 1000 萬，第二拍 800 萬，第三拍 640 萬，

當第三拍 640 萬流標時，債權人不願承受或依法不得承受時，執行法院應於第三次拍賣期日終結後 10 日內公告，願買受該不動產者，得於公告之日起三個月內，依第三次拍賣底價 640 萬為應買之表示。

因此有意願的投標人，要在公告後以最快速度去法院應買，應買價金是固定 640 萬。請注意！這個時候是比賽速度，不是比賽價金，如張三是應買第一名者，執行法院得於詢問債權人及債務人意見後，許其買受。債權人復願為承受者，亦同。

也就是說，如果本案債權人及債務人皆無意見，執行法院將發給不動產權利移轉證書予張三。在應買期間 90 天內，無人應買前，債權人亦得聲請停止前項拍賣，而另行估價或減價拍賣。如仍未拍定或由債權人承受，或債權人未於該期限內聲請另行估價或減價拍賣者，視為撤回該不動產之執行。

假如張三對應買的法拍物件非常有興趣，一定要在應買公告當日早上 08:30 法院開門之際，以飛快速度到法院登記，應買價金為第三次拍賣底價新臺幣 640 萬，依強制執行法第 95 條之規定具狀並附保證金。

●民事聲明應買狀【書狀範例】

民事聲明狀			
案號	年度 字第 號	承辦股別	
訴訟標的金額或價額	新臺幣		元
稱謂	姓名或名稱	依序填寫：國民身分證統一編號或營利事業統一編號、性別、出生年月日、職業、住居所、就業處所、公務所、事務所或營業所、郵遞區號、電話、傳真、電子郵件位址、指定送達代收人及其送達處所。	
聲明人即應買人	○○○	國民身分證統一編號（或營利事業統一編號）： 性別：男／女　　出生年月日： 住居所或營業所及電話： 送達代收人姓名、處所：	
相對人即債務人	○○○	國民身分證統一編號（或營利事業統一編號）： 性別：男／女　　出生年月日： 住居所或營業所及電話： 送達代收人姓名、處所：	
為聲明願依原訂拍賣條件（第三次拍賣底價）應買之表示。 貴院○○年度執字第○○○號強制執行事件，聲明人願依○○年○月○○日院○○執○○字第○○○○號公告買受債務人○○○所有如後附表之不動產，茲檢陳保證金新臺幣○○○元○○銀行○○分行為付款人之票據正本○○張，爰此依強制執行法第 95 條之規定具狀，懇請鑒核賜准聲明人買受。 　　謹狀 臺灣○○法院民事執行處　　　　　　　公鑒			
證物名稱及件數			
中　華　民　國		年　　　月　　　日 具狀人○○○　　　簽名蓋章 撰狀人○○○　　　簽名蓋章	

參考透明房訊

●法院通知應買者繳款【通知文 - 範本】

公告承買須知

前經　臺端以前開價額應買經詢問債權人、債務人均無意見。

請於本通知送達之翌日起七日內，來院一次繳清價金。並提出身分證正反面影印本。

於其解除契約，由本院另行定期拍賣臺端應賠償再拍賣費用，及減少價額之差額。

中　華　民　國　○○　年　○○　月　○○　日

拍定後，不繳清尾款的後果

案例

張三是不動產投資客，以投資中古屋為專業。但最近房地產翻轉，利潤相對減少，但風險加倍，好友李四近 2 年來投資法拍屋成效不錯，張三見狀，便好奇跑到臺北地方法院民執處投標室見習。

他發現法拍屋的底價很便宜，由於自己在法拍屋投資是門外漢，於是請教李四一些法拍基本法律常識。有一天，他看到廣告發現，法拍屋教學有分初級、中級、高級等課程，其中初級班的教材特別強調，如投標人拍定後 7 日內不繳尾款，投標保證金會被沒收，張三不了解這個部分的拍賣程序。

解析

　　某法拍屋第一拍 1000 萬元，流標後第二拍 800 萬元，張三投標保證金為底價 800 萬的兩成，也就是 160 萬元。張三在第二拍進場拍定價 900 萬元得標，但因資金出現問題，無法於 7 日內繳清尾款，因此張三的 160 萬元保證金暫時被法院保管。

民執處將該法拍屋重新拍賣，底價仍然 800 萬元，結果流標，第 3 拍底價 640 萬元，最後由李四以 700 萬元得標。

一般法院重新拍賣的費用約 2 萬元，因此張三拍定價 900萬元，李四拍定價 700 萬元，差額為 200 萬元，再加上費用 2萬元，合計 202 萬元。差額（202 萬元）減去保證金（160 萬元）為 42 萬元，原拍定人張三繳納之保證金不足抵償差額時，執行法院應依職權，以裁定對原拍定人張三積欠 42 萬元強制執行。

請參考「強制執行法」第 68 條之 2，請注意！原投標人張三本案不得再投標，請參考「辦理強制執行事件應行注意事項」第 37 之 2 點。

何謂拍賣無實益？

案例

張三是臺商，在中國大陸經商約 10 年，最近中國生產過剩，張三決定回臺發展。但他的運氣不好，數次投資失敗，損失慘重，不得不將位於臺北市中正區的公寓向李四借款600 萬元，被設定第二順位抵押權（銀行是第一順位抵押權，已借 1000 萬元），可是張三還是有資金困難，最後緊急向好友王五借 200 萬元，約定三個月後返還借款。

不幸張三無法清償王五的 200 萬元，王五於是向法院聲請核發支付命令，債務人張三收受後並未異議而告確定，王五向民事執行處聲請強制執行張三名下中正區的公寓。經民事執行處委託某不動產估價公司鑑價結果，該不動產價值為 1800 萬元，民事執行處依鑑定人就該不動產鑑價價格經核定後的最低價格，以 1800 萬元為底價當作第一次拍賣。

但一拍流標，打 8 折為 1440 萬元，此時執行債權人王五收到民事執行處通知，該強制執行事件是拍賣無實益，將發債權憑證結案。請問何謂拍賣無實益？

解析

　　債權人聲請強制執行，其目的在以執行標的物拍賣的價金清償其債權，如拍賣價金清償優先於執行債權的抵押債權及執行費用後，已無餘額清償執行債權，則其執行對債權人而言已無實益，債權人自不能要求民事執行處進行無實益的執行程序，此為「無益執行禁止」的原則。

　　依強制執行法第 80 條之 1 規定：

1.不動產之拍賣最低價額，不足清償優先債權及強制執行之費

用者，執行法院應將其事由通知債權人。債權人於受通知後七日內，得證明該不動產賣得價金有剩餘可能，或指定超過該項債權及費用總額之拍賣最低價額，並聲明如未拍定願負擔其費用而聲請拍賣。逾期未聲請者，執行法院應撤銷查封，將不動產返還債務人。

2. 依債權人前項之聲請為拍賣而未拍定，債權人亦不承受時，執行法院應公告願買受該不動產者，得於三個月內依原定拍賣條件為應買之表示，執行法院於訊問債權人及債務人意見後，許其應買；債權人復願承受者亦可。逾期無人應買或承受者，執行法院應撤銷查封，將不動產返還債務人。

由上述說明可知，張三的不動產經估價師鑑定價格為新臺幣 1800 萬元，但流標後第二次拍賣底價僅為新臺幣 1440 萬元，則拍賣所得價金顯不足清償第一順位、第二順位抵押權人的新臺幣 1600 萬元抵押債權，王五聲請拍賣即無實益存在。

但王五如欲繼續拍賣程序，應於收到民事執行處通知後七日內，證明該不動產賣得價金超過清償第一順位、第二順位抵押權及執行費用，或是指定超過第一順位、第二順位抵押權及執行費用的拍賣最低價額，並聲明未拍定願意負擔執行費用時，才有可能免淪為拍賣無實益，而遭撤銷查封的結果。

拍定價金分配順序表

案例

張三失業很久，年紀也大了，人際關係又不好，只好將父親留下位於臺北市中山區的公寓向銀行及民間借錢，被設定第一順位及第二順位抵押權。

但因坐吃山空，不到三年，張三又向好友李四借 100 萬元救急，事後張三無法清償銀行的本金與利息，被銀行聲請拍賣抵押物，由王五拍定，請問拍定價金分配順序如何？

解析

執行法院拍定價金分配順序如下：1. 土增稅；2. 地價稅；3. 房屋稅；4. 營業稅（建物價值的 5%，被拍賣債務人為公司法人）；5. 執行費；6. 抵押權（第一順位、第二順位……）；7. 其他稅捐；8. 普通債權；9. 次普通債權；10. 返還執行債務人。

依稅捐稽徵法第 6 條：1. 稅捐徵收，優先普通債權；2. 土地增值稅、地價稅、房屋稅之徵收及法院、行政執行處執行拍賣或變賣貨物應課徵之營業稅，優先於一切債權及抵押權。

因此債權人李四的 100 萬元是普通債權，順序是第 8 順位，

實務上，普通債權人很難分配到足額的清償。因此建議，雖然朋友之間有通財之義，所謂「借錢一張臉，還錢一張臉」，許多好友常因金錢借貸，彼此翻臉不認人，甚至惡言相向，官司不斷，所以有錢的時候，盡量財不要露白，免得賠了夫人又折兵，得不償失。像李四雖有債權 100 萬元，但因為是普通債權，能夠清償的部分並不多。

拍定後，債權人、債務人、拍定人可否請求撤銷查封？

拍賣的不動產，拍定人自領得民事執行處所發給的權利移轉證書，即取得該不動產的所有權；或拍賣的動產交付予拍定人後，拍賣程序即告終結，此時債權人即不能撤回強制執行的聲請，請參考強制執行法第 113 條（不動產之強制執行，除本節有規定外，準用關於動產執行之規定）及同法第 58 條第 2 項之規定。

查封後，債務人得於拍定前提出現款，聲請撤銷查封；拍定後，在拍賣物所有權移轉前，債權人撤回強制執行之聲請者，應得拍定人之同意。所以拍定後，拍定人未領得權利移轉證書之前，拍賣程序尚未終結，買賣契約既已成立，為保障拍定人的權益，避免法律關係複雜，應得拍定人同意才准許。

（一）拍定後，債權人向民事執行處聲請撤回強制執行；如經拍定人之同意，民事執行處應准許。

（二）拍定後，債務人提出現款請求撤銷查封，如經拍定人同意，民事執行處應准許。

（三）拍定後，拍定人可否向民事執行處聲請撤回強制執行？

有一個實際案例：拍定人依法標購「點交」法拍屋，但債務人的母親有嚴重精神病，民事執行處依法第一次履勘、第二次履勘，精神病患者數次吞藥自殺，點燃瓦斯自爆，嚴重影響公共安全，最後經法院召開三方，債權人、債務人、拍定人會談，最後三方皆同意撤銷拍定，即撤回強制執行。但本案是特例，因為債權人是債務人的表哥，他同意撤回拍賣，如債權人是銀行的話，絕對不可能同意撤銷拍定，因為銀行一定要取回抵押債權。

如拍定人依法標購法拍屋，但是法院疏忽，未在公告中載明嚴重足以影響交易之特殊情事，拍定人可聲請民事執行處撤銷拍定，恢復原狀，返還價金。

2014年5月21日立法院三讀通過，依強制執行法第77條、第77條之1、第81條，無論拍賣公告及書記官查封筆錄，均應載明海砂屋、輻射屋、地震受創、嚴重漏水、火災受損、建物內有非自然死亡或其它足以影響交易之特殊情事，以保障應買人權益。在實務上，盡量在執行法院發給不動產權利移轉證書之前，拍定人如發現上述情事屬實，馬上陳報執行法院民事執行處。

何謂同燈同分？

案例

張三投標法拍屋數年，某日在「『透明房訊』法拍屋網站」中看到一間 7 樓有電梯的華廈，而且旁邊有小型社區公園，附近約 50 公尺有超市，生活機能不錯。

由於最近南部的雙親要上臺北依親，老人家雙腳無力，有電梯的房屋是必要的。法拍屋底價為 1500 萬，由於張三勢在必得，於是投標當日填寫 1666.66 萬。現場大約有六個競標者，事務官當場開標，張三以最高價金得標，非常高興，馬上到匾前提示身分證。但是事務官突然叫張三等一下，因為有另一位投標者李四，投標價金剛好也是 1666.66 萬，也就是所謂的「同燈同分」，請問執行法院如何處理張三與李四的問題？

解析

張三與李四分投標的金額同樣是 1666.66 萬，原則上事務官會請兩位到投標匾前再度確認無誤後，請張三、李四兩位投標人現場加價，此時有三種情形：

1. 當場增加之金額最高者為得標人；

2. 無人增加價額；

3. 當場增加之最高價額相同，其中後兩者情形，將以抽籤決定得標人。

在實務上，張三與李四拍定價皆為 1666.66 萬，事務官會建議加價，以 10 萬起跳，加價約 3 次左右，以免浪費開標時間。得標人未於公告所定期限內繳足價金者，再行拍賣。但未中籤之投標人仍願按原定投標條件依法承買者，不在此限。

何謂通訊投標？

案例

張三是不動產投資客，對法拍屋投標並不專業，某日到地方法院民執處投標室參觀，現場有人將投標書投入指定標匭，也有通訊投標，請問什麼情形下可以採用通訊投標？

解析

（一）有下列情形之一者，宜採通訊投標：

1. 有圍標之虞；

2. 法院因債權人或債務人聲請，認為適當或有其他必要之

情形。

（二）採通訊投標時，應於拍賣公告載明下列事項：

　　1.投標書最後寄達之日、時；

　　2.投標書應寄達之地址或郵局信箱；

　　3.投標書逾期寄達指定之地址或郵局信箱者，其投標無效；

　　4.投標書寄達後，不得撤回或變更投標之意思表示。

（三）通訊投標得與現場投標並行。

（四）通訊投標之開標應以公開方式為之，通訊投標之投標人或
　　　其代理人於開標時，得不在場。

（五）法院得依所在區域之特性，訂定通訊投標要點，辦理通訊
　　　投標。

　　拍賣時，投標人應繳納之保證金，宜訂為拍賣最低價額10%
至30%。但如有圍標之虞時，可提高保證金額，以減少投機並防
止圍標。但通訊投標人應將願買之標的及願出之價額，填具投標
書，連同應繳之保證金妥為密封，以雙掛號信函依拍賣公告所定
方式及最後寄達日、時，寄達執行法院指定之地址或郵局信箱。

　　其以通訊投標而投標書寄達處所為郵局信箱者，執行法官
應於拍賣公告所定最後寄達日、時，率同書記官及會同同院政風
人員或院長指定之人，前往郵局領取投標信函，並於開標前由書
記官會同同院政風人員或院長指定之人，將投標信函投入標匭；

寄達處所非郵局信箱者，執行法院應妥善保管投標信函，並於開標前依上述方式將投標信函投入標匭。

何種情形是投標無效？

案例

張三是股票投資客，經過數次股票大漲大跌下，累積相當多利潤。但他認為股票風險太高，他的好友李四最近投資法拍屋賺了不少錢，座車也從豐田換成賓士 S350，於是張三約李四喝茶，請教法拍屋的利害關係。

經過數次詳談，才知道法拍屋比一般預售屋、新成屋、中古屋更複雜，並不是短時間能速成的。李四建議張三要多看法拍屋的大環境、左鄰右舍及相關的法律，例如民法、土地法、土地稅法等。

經過半年的實習，張三在「透明房訊」的法拍屋網站找到了位於臺北市中山區的一間七樓電梯華廈，地點適中、交通便利，生活機能很好，重點價錢是張三的預算內，所以張三馬上去銀行開出以張三為抬頭的銀行本票，依法院公

告投標日去臺北地方法院民執處準備投標。

到了投標室，張三非常緊張，因為當日待拍法拍物件很多，所以小小的投標室幾乎人山人海、水洩不通。法拍屋的底價為新臺幣貳仟萬元，張三加價貳佰萬元，所以投標價金為新臺幣貳仟貳佰萬元。

書記官開標時，整理該法拍屋投標人數有 12 張投標單，因此競爭人數很多。當事務官宣布開標後，最高標者的名字居然是張三，張三非常高興，但是事務官檢查張三的投標保證金時，發現本票的抬頭是張三，可是他卻忘記在本票背面簽自己的名字或蓋自己的印章，因此當場判定投標無效，由第二順位王五得標，張三非常失望。請問在什麼情形下，法院會認定投標無效？

解析

　　初學者在投標時，因為沒有經驗，常常會忙中有錯，或不懂法院民執處投標室張貼的投標須知等相關資訊，等到得標後，因為被判廢標，才在投標室與事務官吵架或希望事後補正。法院依法辦理，當然張三的投標是無效的。所謂「千金難買早知道」，

事後後悔都來不及了，所以事前務必要了解法院公告的投標注意事項。

　　有下列情形之一者，應認為投標無效。但第六款、第一四款、第二十款至第二二款情形，經執行法官在該件拍賣標的當眾開示朗讀投標書前補正者，不在此限：

1. 投標時間截止後之投標。

2. 開標前業已公告停止拍賣程序或由主持開標之法官宣告停止拍賣程序。

3. 投標書未投入法院指定之標匭。

4. 除執行分割共有物變賣判決之拍賣外，投標人為該拍賣標的之所有人。

5. 投標人為未繳足價金而再拍賣之前拍定人或承受人。

6. 不動產拍賣公告載明投標人應提出地方法院民事執行處不動產投標參考要點第二、三、四點所示證明（釋明）文件及委任狀，而投標人未提出。

7. 投標人為未成年人，未由其法定代理人代理投標。

8. 代理人無地方法院民事執行處不動產投標參考要點第四點所示之特別代理權。

9. 以新臺幣以外之貨幣為單位記載願出之價額，或以實物代替願出之價額。

10. 對願出之價額未記明一定之金額，僅表明就他人願出之價

額為增減之數額。

11. 投標書記載之字跡潦草或模糊，致無法辨識。

12. 投標書既未簽名亦未蓋章。

13. 投標人提出之保證金票據，其發票人為非經金融主管機關核准之金融業者。

14. 投標人提出之保證金票據已記載法院以外之受款人，但該受款人未依票據法規定連續背書。

15. 投標人提出之保證金票據為禁止背書轉讓之票據，但受款人為法院以外之人。

16. 未將保證金封存袋附於投標書。

17. 分別標價合併拍賣時，投標書載明僅願買其中部分之不動產及價額。

18. 投標書載明得標之不動產指定登記予投標人以外之人。

19. 投標書附加投標之條件。

20. 拍賣標的為耕地時，私法人投標而未將主管機關許可之證明文件附於投標書。

21. 投標人為外國人，未將不動產所有地縣市政府核准得購買該不動產之資格證明附於投標書。

22. 拍賣標的為原住民保留地時，投標人未將原住民之證明文件附投標書。

23. 其他符合拍賣公告特別記載投標無效之情形。

　　"地方法院民事執行處不動產投標參考要點"

五、使用權篇

點交

案例

張三是包租公,有 20 間小套房出租,有穩定的租金收入,但最近不動產不景氣,他決定轉投資法拍屋市場。張三請教法拍專家,專家告訴他,初學者一定要先買「點交」物件,也就是法院保證交屋,比較沒有後遺症,於是張三去司法院網站及「透明房訊」法拍屋網站尋找「點交」物件,並到現場履勘。

看了約 15 間左右的法拍屋,終於找到一間地點適中、交通便利、價錢便宜的法拍屋,也順利得標並領取法院核發的不動產權利移轉證書。因為是「點交」,法院保證交屋,於是張三在家裡放心等待法院將法拍屋使用權交付給拍定人張三。但是等了大約 2 個月,法院一直沒有通知張三,請問張三要如何處理交屋問題?

解析

　　法律規定「點交」物件，法院保證交屋，但是拍定人張三要主動向法院聲請點交，法院並不會主動聯絡拍定人交屋事宜。向法院聲請點交的流程如下：

（一）拍定人聲請點交；

（二）法院民執處發出執行命令，請現住人或債務人15日內自動搬遷；

（三）拍定人要陳報法院現住人或債務人履行情形，如未自動搬遷，拍定人可聲請法院第一次履勘、履勘目的，並請書記官居中協調搬家時間。一般拍定人都會希望現住人或債務人馬上搬家，因為拍定人在得標後7日內，已繳清所有的價金，但是債務人與現住人的立場完全不同，雙方會爭吵不休，甚至惡言相向，此時書記官會居中協調，請雙方冷靜考慮，一般書記官會給現住人或債務人約30至45天的時間進行搬家準備；

（四）如經兩次法院履勘，現住人打死不搬家的話，法院會強制執行，此時司法事務官會領導書記官、執達員、法警及當地管區警察，拍定人也要自請搬家公司及鎖匠等協助搬遷事宜。

　　從拍定到法院強制點交，大約需要4個月左右。至於現場遺留物要如何處理，一般可為三種情形：

（一）現住人或債務人在履勘筆錄同意未搬離物品以廢棄物處理；

（二）法院在履勘筆錄載明：「債務人不在現場，書記官同意現場遺留物以廢棄物處理」；

（三）法院在履勘筆錄載明：「債務人不在現場，書記官以強制執行法第 100 條第 2 項處理現場遺留物，也就是：分類造冊、拍照、估價、拍賣。」

而現場遺留物放置地點，實務上有三種情形：

1. 直接掃地出門放置屋外；

2. 請拍定人準備倉庫放置債務人現場遺留物；

3. 在法拍屋現場一角落留置遺留物。

不點交

案例

張三以前都是標購「點交」法拍屋物件，但是點交物件是法院保證交屋，風險比較小，因此投標競爭非常激烈，利潤愈來愈低，於是張三決定試試「不點交」物件。

許多投資客好友，都警告張三不要投標「不點交」物件，所謂高利潤高風險，許多海蟑螂都是以強占法拍屋為常業。很多報章雜誌也都有報導，拍定人被恐嚇要一筆鉅額的搬家費，他們才願意搬家，不然就是把屋內的裝潢及格局任意破壞。那麼張三該如何處理「不點交」物件呢？

解析 ▶

「不點交」法拍屋，因為有第三人占有，法院民執處不涉入點交，使用權由拍定人自行處理，因此有許多法拍屋投資新手，都放棄標購「不點交」法拍屋。處理「不點交」物件，有三種方式：

（一）法律分成兩大類，民法部分為遷讓房屋、拆屋還地等；刑法有第 356 條（損害債權罪）、刑法第 354 條（毀損器物罪）等。

（二）談判

　　A、談判三要件：

　　1.情資：收集、了解、分析、組合、製造、洩露；

　　2.權力：遊戲規則；

　　3.時間。

B、談判四步驟：

1. 設定目標；

2. 主導議題；

3. 自我定位；

4. 角色扮演。

（三）談判＋法律，和對方邊打邊談。

部分點交，部分不點交

案例

張三在臺北住了很久，但經常為了沒有車位而煩惱，因此他重新思考買房的方向，一定要有附車位的電梯華廈。於是在「透明房訊」的網站，找到了一間地點適中、生活機能佳、價錢便宜的法拍屋，更重要的是有附一個車位。不過法拍筆錄載明：「三樓主建物債務人自住點交，地下三樓車位號碼 48 號不點交」，請問張三如果順利得標，該如何處理地下停車位問題？

解析

本件是典型部分點交、部分不點交，三樓主建物的部分，

因為是債務人自住，理當法院會依法點交予拍定人。但是車位的部分很麻煩，一般車位依產權可分為：法定停車位、獎勵停車位、增設停車位三種。

因為車位大部分共有物的應有部分，共有人之間如何管理，法院民執處應參考民法第 820 條「共有物之管理」，處理車位點交問題。然而在實務上因為怕麻煩，大部分筆錄都會標註車位不點交，請參考該大樓的車位分管協議，因此拍定人張三得標後，要再打確認車位之訴。

此時舉證就非常重要，因為車位的正確位置並不像建物那麼明確，債務人及管理員、總幹事，甚至該大樓管委會都有可能是共犯結構，他們有可能故意更改車位的位置及樓層，造成拍定人很大的困擾。

六、所有權篇

宣示登記、登記處分要件主義

案例

張三投標法拍屋物件，並於 7 日內繳足尾款。約 10 日後，領取法院核發的不動產權利移轉證書，此時書記官告訴他，張三已擁有不動產所有權。他馬上拿不動產權利移轉證書到銀行貸款，不料卻被銀行拒絕核貸，為什麼？

解析

雖然張三已經領取不動產權利移轉證書，但依民法第 759 條：「因繼承、強制執行、徵收、法院之判決或其他非因法律行為，於登記前已取得不動產物權者，應經登記，始得處分其物權。」所以張三要先去稅捐處繳契稅，不用繳印花稅，並至地政事務所辦理不動產權狀。銀行審核放款時，一定要有權狀正本，才能設定第一順位抵押權，與借款人對保後，才能放款。

為何法院無法核發權利移轉證書？

案例

張三在法拍屋網站發現一個物件，該物件的底價為 5000 萬，保證金 1000 萬，張三得標後，於 7 日內繳足尾款。然而 30 天後，法院並沒有核發不動產權利移轉證書，張三去地方法院民事執行處詢問原因。

法院回答，因為拍賣程序出了問題，在拍賣當中債務人突然死亡，但債權人沒有發現也沒有陳報法院。理論上，債務人死亡，法院要馬上停拍，債權人可以請債務人的繼承人辦理繼承登記。如果他們拒絕，債權人可向執行法院聲請，通知地政機關為債務人所有時，得准債權人代債務人申繳遺產稅及登記規費。地政機關辦妥繼承登記後，應通知繼承人及債權人。

解析

本案件是債權人的疏忽，因為法院在拍賣當中，無法得知債務人是否死亡，法院應該撤銷拍賣，恢復原狀，將拍定價金返還投標人張三。

拍賣物買受人就物之瑕疵無擔保請求權

案例

張三從事不動產投資約 10 餘年，過去以中古屋為重心，透過知名仲介公司買了相當多的物件，如在保固期間房屋有漏水、海砂屋、輻射屋等瑕疵，一般買方都可以求償。

張三得知投資法拍屋的利潤更高，便參考「透明房訊」法拍屋網站，找到了一間理想物件，並且幸運的以低價得標，並於 7 日內繳足尾款。

張三領取不動產權利移轉證書後，聲請點交，順便拜訪現住人李四，希望對方和氣生財，趕快自動搬家。但是李四告訴張三要一筆鉅額的搬家費，否則要與法拍屋共存亡。

張三當然拒絕，法院依法點交使用權予張三時，發現已被李四破壞內部裝潢及格局。原來的裝潢美輪美奐，變成斷垣殘壁、滿地垃圾，拍定人張三要如何處理這個殘局？

解析

拍定人張三在與李四談判時，最好準備適當的搬家費，以免李四做出損人不利己的行為。而從事法拍屋的投資客也要特別注意，依強制執行法第 69 條：「拍賣物買受人就物之瑕疵無擔保請求權。」

換言之，本案件的拍定人張三運氣不好，法院不會撤銷拍賣、恢復原狀，也不會返還拍定人張三投標價金，被害人只能依刑法毀損罪告現住人或債務人，並請求民事求償。

何謂違章建築？

（一）違章建築的定義：

依建築法 25 條第一項規定：「建築物非經申請直轄市、縣（市）（局）主管建築機關之審查許可並發給執照，不得擅自建造或使用或拆除。」

而同法第 97 條之 2 規定也指出：「違反本法或基於本法所發布命令規定之建築物，其處理辦法，由內政部定之。」

依其第 2 條規定：「本辦法所稱之違章建築，為建築法適用地區內，依法應申請當地主管建築機關之審查許可，並發給執照，方能建築，而擅自建築之建築物。」依據以上法令解釋可以了解，凡是未領有建築執照而擅自興建之建築物，或未領有使用

執照而使用之建築物，皆稱為違章建築。

（二）一般而言，被認為違章之建築，有以下兩種狀況：

實質違建	程序違建
乃指未依建築法及實施都市計畫以外地區建築物管理辦法之規定，申領建築執照或雜項執照，而擅自建照者，且其建築行為有下列情勢之一者： ◆未經許可擅自於保護區內建築者 ◆未經許可擅自於都市計畫公共設施保留地建築者 ◆於合法房屋屋頂上增建房屋或設置簷高超過2公尺之棚架者 ◆占用既成巷道或堵塞防火巷者 ◆建築物建蔽率或高度不符規定者	依內政部解釋，乃指其建築物高度結構與建蔽率等均不違反當地都市計畫建築法令規定，且獲得土地使用權；僅於程序疏失，未領建築執照擅自興建而言。（內政部64年10月17日臺內營字第656943號函參照）所以程序違建，得依法補辦執照成為合法建物。
以上兩種情況所產生的建物，由於興建之時沒有建造執照，因此都無法取得使用執照，也無法依土地登記規則辦理建物所有權第一次登記，當然也無法取得所有權狀。	

參考內政部營建署

（三）實務探討：違章建築可以買賣嗎？

1. 說明：儘管法院判例承認違章建築買賣行為之存在，但其買賣行為所取得的不是所有權，而是「實質處分權」，亦即使用權而已。

2. 依據條文：依民法第 758 條規定：「不動產物權，依法律行為而取得、設定、喪失及變更者，非經登記，不生效力。」

3. 結論：違章建築既然無法辦理產權登記，實際上也不能辦理所有權移轉。因此，縱使違章建築可能有水、電、稅籍號碼、甚至門牌之編列，也不會因其變更使用者的名義，而擁有所有權。總而言之，違章建築的買賣，實際上所負擔的風險是相當大的。

實質違建

案例

張三投資不動產約 8 年左右，對中古屋及新成屋很有經驗，最近南部的雙親也要搬來臺北一起住，原來的住家只有 30 坪，空間不夠，於是他想挑選有頂樓加蓋的房屋，如此又能盡孝道，而且能解決雙親居住問題。

張三上「透明房訊」的法拍屋網站，找到一間 7 樓加蓋 8 樓的華廈附電梯，而且附近有一小型社區公園，雙親早晚皆可運動。他幸運以低價得標，並於 7 日內繳足尾款後，領取 7 樓及 8 樓增建的不動產權利移轉證書。張三繳完契稅後，到當地地政事務所辦理過戶時，才發現 7 樓有權狀，但 8 樓居然沒有權狀，請問張三要如何處理？

解析

張三投標物件是 7 樓頂樓加蓋 8 樓，然而 8 樓是實質違建，因此雖然法院發給張三 8 樓的不動產權利移轉證書，但地政事務所依法不能發給張三權狀，而且在法院公告筆錄皆會載明：「8 樓建物因未辦理建築物所有權第一次登記，於拍定後無法逕持不動產權利移轉證書辦理所有權移轉登記」等字樣。

程序違建

案例

張三在臺南鄉下投標透天厝，筆錄載明：「1 樓、2 樓、3 樓有權狀，但是 4 樓是加蓋的違建」，4 樓有臨時建號及建物平面圖，張三依法標購，並領取 1 樓、2 樓、3 樓、4

樓的不動產權利移轉證書，繳納契稅，到地政事務所領取
1 樓、2 樓、3 樓的權狀，4 樓因為加蓋建物，無法領取權
狀，請問張三有沒有機會將頂樓 4 樓無權狀變成有權狀？

解析

　　如果 4 樓是實質違建，那張三永遠都無法將 4 樓變成有權
狀，換言之，實質違建永遠都是違建。張三可以請建築師重新審
查仔細，仔細精算該建築物高度結構與容積率與建蔽率等，如果
都不違反當地都市計畫建築法令規定，並且獲得土地使用權，僅
於程序疏失，未領建築執照擅自興建，所以 4 樓增建是程序違
建的話，只要依法補辦執照，並繳交罰款，就能成為合法建物。

頂樓增建要得到全體住戶同意

案例

張三最近兒子要結婚，需要多兩個房間，但臺北市寸土寸
金，要買大坪數的房屋，比登天更難，於是他想要買有頂
樓增建的電梯華廈。

他參考「透明房訊」法拍網站後，找到了地點適中、交通

便利、生活機能甚佳的物件，7樓約35坪，頂樓加蓋（即8樓）25坪，使用坪數約60坪。全家很高興的搬入新家，但是好景不常，三個月後，張三居然接到了法院傳票，1樓住戶告張三，要把8樓（即增建物）拆掉，將屋頂平臺返還全體住戶。

但張三認為法院當初已核發8樓的不動產權利移轉證書，而且根據臺北市有關於違建的處理要點規定，民國53年12月31日以前的舊違建不拆，54年1月1日到83年12月31日的違建是既存違建緩拆，84年1月1日起的新違建才是隨報隨拆。張三買到的8樓增建是75年興建完成，應該是緩拆，而且沒有違反公共安全。請問張三如何處理8樓違建被拆的風險？

解析

　　雖然張三取得的8樓（違建）是75年興建完工的建築物，但是緩拆只是臺北市政府的行政命令，不能阻礙其他住戶行使私法上的權利，法院不受市府緩拆政策拘束。

　　屋頂平臺屬於全體住戶所共有，張三如果要取得屋頂平臺的使用權，必須取得樓下其他住戶的同意，而且依照大法官的

解釋「所有權」的回復請求權，不受民法 15 年時效的限制，因此 1 樓住戶雖然在頂樓違建將近 30 年後才向法院起訴要求拆除頂樓（8 樓）違建，並沒有時效消滅的問題。

建議張三向所有樓下住戶表示最大誠意、和氣生財、敦親睦鄰，例如開放 8 樓公共空間讓全體住戶自由進出，主動維護公共設施，電梯及公共空間的水、電、清潔費用由張三給付，盡量幫全體住戶，免得樓下告 8 樓（違建）拆除，才是上策。

七、點交篇

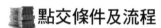

點交條件及流程

（一）判斷筆錄內容，點交之條件：

1. 債務人自住或無人居住的空屋。

2. 債務人近親輔助占有。

3. 租約已屆滿，如另訂新租約、續約或租約訂於查封後，不得對抗查封之效力。

4. 使用借貸關係或其租賃關係發生於查封之後。

5. 上開租賃關係業經本院除去，（尚未確定）俟除去租賃關係確定後，始拍定後點交。

6. 「板橋法院」特有筆錄內容「據債權人查報本建物查封時，係債務人自住，如查報屬實，拍定後點交，如查報不屬實，拍定後不點交，應買人應自行查明使用情形。」

7. 第三人居住，但同意拍定後，自行搬遷。

8. 占有輔助人即債務人的受僱人、學徒。

9. 第三人對於查封前無權占有不爭執。

10. 現住人或債務人於點交後復占有。

（二）筆錄載明點交，拍定人如何聲請點交、強制執行？

1. 法院：

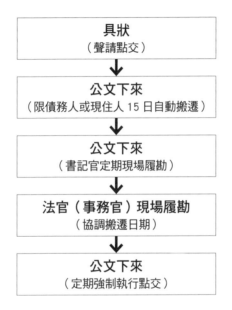

具狀
（聲請點交）

↓

公文下來
（限債務人或現住人 15 日自動搬遷）

↓

公文下來
（書記官定期現場履勘）

↓

法官（事務官）現場履勘
（協調搬遷日期）

↓

公文下來
（定期強制執行點交）

A. 聲請點交：得標人繳清尾款，取得「不動產權利移轉證書」後，向法院聲請點交；法院收文後，發文給債務人，命債務人 15 天內自動交屋給拍定人。同時副本寄送拍定人。

B. 法院債務人或現住人 15 日自動搬遷：命拍定人在 15 天內隨時查看後，發現債務人並未搬遷；15 天期滿即向法院陳報債務人未搬離，請法院繼續進行點交動作。法院

收文後，再發文通知債務人，法院將定期來房屋現址履勘，請債務人在現場等候。同時副本寄送拍定人，並請拍定人通知管區派出所，派警員前來協助。發文內容特別註明：「履勘不因債務人不在而停止」。

C. 第一次履勘時：（法院引導、管區員警、鎖匠等）法院協調雙方交屋時間，此時債務人都會要求搬家費及拖延交屋時日，法院不介入搬家費多寡爭議，但會以「公親角色」引導雙方達成和解。

D. 強制執行：（法院引導、管區員警、鎖匠等）如協調不成，拍定人可即具狀，請求法院進行後續點交流程；法院收文後，再發文通知債務人，法院將定期強制執行點交房屋。副本寄送拍定人，除請拍定人安排管區警員外，另準備搬家公司待命。

E. 現場遺留物聲請拍賣、或以廢棄物處理。

2. 現住人或債務人協調溝通事宜：

以耐心、專業協調談判，達成買受人與現住人雙贏的局面。

3. 如何預防現住人、債務人破壞法拍屋現場：

在法院第一次履勘時，詳細將法拍屋現況拍照存證，並在法院履勘筆錄，請求書記官載明「如破壞法拍屋現場水、電、瓦

斯、內部裝潢及格局，買受人將依法提出民事損壞賠償及刑事毀損告訴」。

空屋

案例

張三從高雄到臺北上班，朋友告訴他法拍屋比市價便宜很多，但風險高，剛開始最好買空屋「點交」（法院保證交屋）比較安全。於是他在法拍公告中找到了環境安靜、價錢適當的物件，筆錄載明「空屋」點交，一共有四間，他現場履勘空屋的法拍屋，共分成四類：1.屋空，人空；2.屋空，人不空；3.屋不空，人空；4.屋不空，人不空。

他請教許多律師及法拍代標公司，但是都沒有標準答案，有人說只要筆錄是空屋，就可以馬上換鎖直接進入；另有人說，雖然是空屋，但屋內現場還遺留許多貴重物品，例如名貴傢俱、新的電器用品、冰箱、冷氣、電視機、電腦及可移動性桌椅等，而人雖然不在現場，但不表示永遠不會回來，可能是出國或出差，因此張三如果標購筆錄載明空屋，應如何處理交屋問題？

筆錄「空屋」最容易產生糾紛,因為拍定人張三在法院標購不動產時,屋內的遺留物仍屬於債務人或現住人的私人財產,沒有得到當事人(債務人或現住人)同意,拍定人張三無權做任何處置,更不能占為己有。

雖然筆錄為空屋,最好不要私自進入。

(一)依法聲請執行法院點交,由法院依法解除現住人或債務人占有,將使用權交付拍定人。至於現場遺留物是否為廢棄物,由法院認定,不是由拍定人決定。假如法院認為是廢棄物,而且在筆錄載明時,拍定人可以事後丟棄。但法院要依強制執行法第100條第2項,程序為造冊分類、拍照、估價、拍賣,大約要花2個月至3個月時間。

(二)拜訪左鄰右舍,盡可能找出現住人或債務人,然後和他們簽下搬遷協議書,免得圖一時之快,後患無窮。

弱勢團體

案例

張三標到筆錄載明「債務人自住或近親輔助占有」的法拍屋,拍定後點交。因為是點交,法院保證交屋,他得標後

馬上聲請點交，法院第一次履勘時，得標人張三才知道債務人或親人有中風、植物人、智障、視障等弱勢團體，執行法院書記官及事務官雖經數次履勘，協調仍無法解除這些人的占有，點交給拍定人張三。

經過半年之久，法院民執處遲遲未訂出強制執行日期，張三非常緊張、著急，再三催促請法院依公權力把這些弱勢團體趕出，但是法院怕強制執行的話，如果中風或植物人等有什麼三長兩短，萬一出了人命，法院也很煩惱。此時得標人張三要如何處理交屋問題？

解析

　　法律上執行法院應依法解除現住人或債務人，當然包含弱勢團體（中風、智障、植物人等），交付使用權予得標人張三。但是如果弱勢團體無法自動搬遷，而且身心嚴重障礙，無法自理平日生活，可能近親也無法幫忙。

　　俗語說：「一人中風，全家發瘋。」尤其最近經濟不景氣，左鄰右舍自身難保，要伸出援手比登天還難。執行法院希望張三能協助安置弱勢團體，不然讓這些人流落街頭，也是嚴重的社會問題。

換言之，張三要準備搬家費幫忙安置，此筆費用對張三而言，又是一筆額外的負擔。建議有關此筆搬家費，可向社會局、大型宗教團體，如慈濟、佛光山、法鼓山等，或是法拍屋附近小宮小廟等單位請求協助。

　　以上這些單位是救急不救窮，但是可以適當分擔拍定人張三搬家費的沉重負擔，不足之處自己才負擔。張三最好的解決方法是一邊聲請點交，一邊交付搬家費予弱勢團體，唯有雙管齊下，和氣生財，事情才能圓滿落幕。所謂「忍一時風平浪靜，退一步海闊天空」，正是這個道理。

●拍定後，陳報執行法院發文給當地政府社會局

現住人或債務人因智障、視障、中風或植物人，無法自動搬遷。

民事陳報狀		
案號	年度　　字第　　號	承辦股別
訴訟標的金額或價額	新臺幣	元
稱謂	姓名或名稱	依序填寫：國民身分證統一編號或營利事業統一編號、性別、出生年月日、職業、住居所、就業處所、公務所、事務所或營業所、郵遞區號、電話、傳真、電子郵件位址、指定送達代收人及其送達處所。
陳報人（債權人或拍定人）	○○○	國民身分證統一編號（或營利事業統一編號）： 性別：男／女　　出生年月日： 住居所或營業所及電話： 送達代收人姓名、處所：
相對人即債務人	○○○	國民身分證統一編號（或營利事業統一編號）： 性別：男／女　　出生年月日： 住居所或營業所及電話： 送達代收人姓名、處所：
陳報主旨：請法院發公文給當地政府社會局。 　　　現住人或債務人因智障、視障、中風或植物人，無法自動搬遷。 　　　謹請　　鈞院協調社會局專業社工人員協助安置相關事宜。 　　　謹狀 臺灣○○法院民事執行處　　　　　　　　公鑒		
證物名稱及件數		
中　華　民　國　　　　　年　　　　月　　　　日 　　　　　　　　　　具狀人○○○　　　　簽名蓋章 　　　　　　　　　　撰狀人○○○　　　　簽名蓋章		

●拍定後，執行法院發文給當地社會局，社會局發文給拍定人
【函文範例】

臺北市政府社會局　函

機關地址：臺北市信義區市府路 1 號
傳真：○○○○○○○○
聯絡人及電話：○○○○○○○○

受文者：○○○君（104 臺北市中山區○○○○○○○○）

發文日期：中華民國○年○月○日
發文字號：北市社工字第○○○○號
速別：
密等及解密條件或保密期限：
附件：

主旨：有關台端與士林地方法院 92 年度執字第○○○○號強
　　　制執行事件，將定於 93 年○月○日，進行點交，台端
　　　屆時如有困難進行安置相關事宜，請洽詢本局大同社會
　　　福利服務中心（地址：臺北市大同區昌○街○號○樓，
　　　電話：○○○○─○○○○），俾便提供相關協助，請查照。

正本：○○○（104 臺北市中山區○○○○○○○○）
副本：臺灣士林地方法院民事執行處（臺北市內湖區民權東路六段 91 號）、
臺北市政府社會局大同社會福利服務中心

檔號：
保存年限：

局長○○○

●執行法院發文給當地社會局，請社工人員協助，並請當地警察局協助之執行函【函文範例】

臺灣士林地方法院民事執行處通知

地址：臺北市內湖區民權東路六段 91 號
承辦人：勇股
（02）2791-1521 轉

受文者：○○○

發文日期：中華民國○年○月○日

發文字號：士院儀 92 執勇字第○○○○號

速別：

密等及解密條件或保密期限：

附件：

主旨：請指派社工人員於民國○年○月○日前，親赴現場即臺北市大同區○○○○○○○號協助安置事宜。

說明：

一、本院 92 年度執字第○○○號債權人國○世華商業銀行股份有限公司等與債務人○○○間清償債務強制執行事件，已定於○年○月○日上午○時○分執行點交，認有請社工人員協助之必要。

二、買受人應於上開期日前逕與社工人員聯繫，如須繳費，由買受人先行預納。

正本：臺北市政府社會局

副本：買　受　人○○○　　　住址：新北市汐止區○○○○○○○
　　　　　　　　　　　　　身分證統一編號：○○○○○○
　　　送達代收人○○○　　　住址：臺北市中山區○○○○○○○
　　　第　三　人○○○　　　住址：臺北市大同區昌吉街○○○○○○

法官○○○

111

租約已到期

張三標到筆錄載明「第三人占有，但租約已到期」的法拍屋。拍定後點交，他拿到不動產權利移轉證書後，專程拜訪現住人，表明自己是得標人，希望和氣生財，溝通協調搬遷時間。但對方非常生氣，現住人說屋內許多裝潢都是他個人花錢購買的，因此向張三獅子大開口，要求搬家費新臺幣 100 萬元，否則打死不搬家。但是張三實際現場估價，最多值新臺幣 25 萬元，因此彼此不歡而散。現住人揚言，如果不給 100 萬搬家費，就要破壞法拍屋內部的裝潢及格局，請問張三要如何處理交屋問題？

解析

在實務上，不少現住人要求搬家費的心態，都是獅子大開口，河馬大開口，甚至恐龍大開口，一般人見錢眼開，但是更多人看到錢是異想天開。

在點交程序中，第一次履勘最重要，請書記官、執達員及警察在現場時，詳細將法拍屋現況拍照存證，並在法院履勘筆錄明確載明：「如破壞法拍屋現場，水、電、瓦斯、內部裝潢及格

局，買受人將依法提出民事損害賠償及刑事毀損告訴」。一般人很怕在法院公文書履勘筆錄簽名，建議張三利用法院的公權力，來約束現住人破壞法拍屋的動機，但是也建議拍定人張三給予適當的搬家費，免得現住人做出損人不利己的脫法行為。

查封後，另訂租約

案例

得標人張三標到筆錄載明「查封後另訂租約」的法拍屋，拍定後點交，並於 7 日內繳足尾款。當他領取不動產權利移轉證書後，馬上前去拜訪現住人，商量搬遷時間。但是現住人當場提出租約，並強調買賣不破租賃原則，所以他仍有合法使用被拍賣的房屋，況且他的兒子患有精神病，無法自理，如果法院要強制執行，他兒子萬一自殺或暴力行為，叫張三要負全責。請問張三要如何處理交屋問題？

解析

在法律上，查封後，可否重新續約或另訂新租約？

此租約依民法第 421 條，是否適用買賣不破租賃原則？依法續約或另訂新的租約，無法對抗查封效力，所以第三人與債務

人的租約，對拍定人是無效的。換言之，拍定人張三可依法聲請點交，依點交程序進行第一次履勘、第二次履勘，請書記官協調搬家時間。

如果雙方意見無法溝通，最後將交由法院強制執行，屆時會出動警察、事務官、書記官、法警、搬家公司、搬家工人及鎖匠等強制搬家，將第三人（即現住人）解除占有，交付使用權予張三。但是現住人的兒子有精神病就比較麻煩，因為萬一他真的在屋內自殺，屬於非自然死亡，也就是俗稱的「凶宅」，如果以暴力行為縱火，造成公共安全等，也將嚴重影響房價。

所以建議雙管齊下，一邊聲請點交，一邊給現住人適當的搬家費，並建議帶家人去看精神科醫師或心理諮商師，照顧身心健康。至於搬家費用的多寡，可以請當地里、鄰長協助溝通協調，事成後務必送里、鄰長高級水果或茶葉，因為敦親睦鄰非常重要。

租約已被排除

案例

張三於 104 年 12 月 11 日標到法拍屋，筆錄載明「租約已被排除」拍定後點交，張三領取不動產權利移轉證書後，

為了表示誠意，攜帶厚禮拜訪現住人李四，商量搬遷事宜。但現住人堅持不搬家，而且提出公證租約，表示法院公證處於 104 年 1 月 9 日公證，租期自 104 年 1 月 9 日到 109 年 1 月 8 日，共 5 年租約，而且起租日是在查封日之前為合法租約，憑什麼法院民執處可以排除現住人公證租約，因此堅持不搬家。請問張三如何處理交屋問題？

解析

　　雖然現住人李四的租約是公證租約，但提出排租的第一順位抵押權人的銀行，銀行主張，債務人王五被設定抵押權的設定日為 103 年 12 月 4 日。

　　換言之，關鍵是租約的起租日 104 年 1 月 9 日，晚於設定日 103 年 12 月 4 日，拍賣程序中第一拍底價如高於抵押權設定金額，不會被排租，但第二次拍賣再打 8 折時，底價可能低於抵押權設定金額時，對抵押物之價金有所影響，該租賃契約對於抵押權人不生效力。

　　抵押權人因屆期未受清償，聲請拍賣抵押物時，執行法院可依法以無租賃狀態逕予執行。司法院院字第 1446 號解釋，亦有明確說明。

　　以上所述，李四的租約已被排除，法院民執處可依法解除

現住人李四的占有，交付使用權予拍定人張三。

債務人的受僱人輔助占有

案例

拍定人張三依法標購臺北市中山區南京東路二段的辦公室，領取權利移轉證書後，他便迅速拜訪辦公室。債務人是貿易公司老闆，但因經商失敗，被債權銀行聲請拍賣，所以辦公室內部辦公人員，都是原債務人的受僱人（職員）。張三與該公司職員商量何時搬家，但他們都拒不搬遷，強調債務人只是老闆，而且老闆負債累累，積欠員工至少 6 個月以上薪水，他們（職員）強調拍定人只要代老闆付清全體員工 6 個月薪資，他們就會馬上搬家。請問張三要如何處理交屋問題？

解析

建議得標人張三首先要確認，該辦公室正在上班的人員是否領老闆（債務人）的薪水，假如是的話，就是債務人的受僱人；另外，辦公室有無租約，假如沒有的話，就是無權占有。

以上兩種情形，得標人可以馬上聲請點交，法院可依法將

辦公室內所有職員（受僱人或無權占有人）解除占有，交付使用權予拍定人。實務上，公司倒閉，老闆跑路，公司有許多生財器具如果是新的話，建議拍定人付少許費用，可以取得動產所有權，然後再轉售中古收購商，多少賺一點錢。臺北市的中古收購商，以廈門街附近居多，可以請他們先到法拍屋現場估價。

債務人於點交後又占有

案例

張三在臺北標到一間法拍屋，拍定價新臺幣 4000 萬，法院筆錄載明「債務人自住」點交，張三於 7 日內繳足尾款，並領取不動產權利移轉證書。之後拜訪債務人李四時，他要求的搬家費超過張三預算，於是張三聲請法院點交。點交程序中，第一次履勘時，書記官與雙方協調搬遷時間，李四向法院抱怨，因為他生意失敗，沒有錢去外面租屋，希望他能住一年後再搬遷。得標人張三當然不同意，於是彼此惡言相向，不歡而散。最後在法院強制點交下，才將債務人李四解除占有，將使用權交付得標人張三。

張三取得使用權後馬上換鎖，不過由於他在南部臨時有

事，先回高雄 10 天後再回法拍屋現場，回到家時他嚇了一大跳，前債務人李四居然又搬了回來。張三要求李四馬上搬出去，對方置之不理，而且態度惡劣，造成拍定人張三很大困擾。請問此時張三要如何處理這個難題？

▌解析 ◀

拍定人張三得標後，向執行法院民執處聲請點交，這個部分免付執行費，但是有幾個地方需要自費：

1. 管區警察、法警車馬費，每人各新臺幣 500 元；

2. 鎖匠開鎖錢；

3. 搬家公司的工人、車輛；

4. 放置遺留物（法拍屋遺留現場的動產）的倉庫等。

有些費用是拍定人要預繳，事後可向債務人請求，但在實務上，債務人多半無法支付上述費用。張三因為李四又回來，馬上跑去法院請教該股書記官，請求協助，書記官說可重新聲請點交，但程序上建議請律師具狀。

張三急急忙忙找了一位熟識的劉律師商量委任事宜，劉律師報價為：律師費用新臺幣 10 萬、民執處執行費新臺幣 4000 萬 X8/1000= 新臺幣 32 萬，合計新臺幣 42 萬，換言之，劉律師認為張三不用再向李四訴請遷讓房屋官司，可直接依強制執行法

第99條（不動產之點交）第3項：「依前二項規定點交後，原占有人復即占有該不動產者，執行法院得依聲請再解除其占有後點交之。」「前項執行程序，應徵執行費。」

事實上，建議張三可以直接報警，依刑法第306條（侵入住居罪）控告李四，由警察以現行犯處理，馬上予以驅離，效果又快又好。而且控告刑事是免費的，如果用民事處理，還要準備新臺幣42萬，是一筆額外的負擔。

但假如重新占有人不是李四而是王五，王五不是原占有人，此時拍定人可告刑法第320條第2項（竊佔罪）：「意圖為自己或第三人不法之利益，而竊佔他人之不動產者，處五年以下有期徒刑、拘役或五百元以下罰金。」

▇ 各式書狀、公文範例

以下為民事陳報狀、聲請點交狀、搬遷協議書、法院履勘及強制點交公文、現場遺留物處理相關公文等各式書狀及公文範例，可依實際情況運用。

●拍定後，陳報代收人姓名及地址【書狀範例】

民事陳報狀				
案號	年度　　字第　　號		承辦股別	
訴訟標的金額或價額	新臺幣		元	
稱謂	姓名或名稱	依序填寫：國民身分證統一編號或營利事業統一編號、性別、出生年月日、職業、住居所、就業處所、公務所、事務所或營業所、郵遞區號、電話、傳真、電子郵件位址、指定送達代收人及其送達處所。		
陳報人（債權人或拍定人）	○○○	國民身分證統一編號（或營利事業統一編號）： 性別：男／女　　出生年月日： 住居所或營業所及電話： 送達代收人姓名、處所：		
相對人即債務人	○○○	國民身分證統一編號（或營利事業統一編號）： 性別：男／女　　出生年月日： 住居所或營業所及電話： 送達代收人姓名、處所：		
陳報主旨：代收人姓名及住址。 　　買受人○○○於○○年○月○日依法標購　鈞院○○年度民執字第○○○號物件，並繳清尾款。 　　鈞院發給權利移轉證明書及其他法律文件，請送達代收人及代收地址。 　　　謹狀 臺灣○○法院民事執行處　　　　　　　　公鑒				
證物名稱及件數				
中　華　民　國　　　　　　年　　　　月　　　　日 　　　　　　　　　　具狀人○○○　　　　簽名蓋章 　　　　　　　　　　撰狀人○○○　　　　簽名蓋章				

●拍定後，具狀聲請點交【書狀範例】

民事聲請（點交）狀					
案號	年度	字第	號	承辦股別	
訴訟標的金額或價額	新臺幣			元	
稱謂	姓名或名稱	依序填寫：國民身分證統一編號或營利事業統一編號、性別、出生年月日、職業、住居所、就業處所、公務所、事務所或營業所、郵遞區號、電話、傳真、電子郵件位址、指定送達代收人及其送達處所。			
聲請人 （債權人或 拍定人）	○○○	國民身分證統一編號（或營利事業統一編號）： 性別：男／女　　出生年月日： 住居所或營業所及電話： 送達代收人姓名、處所：			
相對人 即債務人	○○○	國民身分證統一編號（或營利事業統一編號）： 性別：男／女　　出生年月日： 住居所或營業所及電話： 送達代收人姓名、處所：			
為聲請點交拍定之房屋事： 　　鈞院○○年度民執字第○○○號拍賣抵押物事件，已將座落○○市○○段○○小段○土地暨地上建物○○市○○路○號房屋拍賣由拍定人得標買受並領取權利移轉證書在案，惟債務人迄今仍拒絕將上開房地交付拍定人管業，為此聲請　鈞院早日定期點交，以保權益。 　　謹狀 臺灣○○法院民事執行處　　　　　　　公鑒					
證物名稱及件數					
中　華　民　國　　　　　　　　年　　　　月　　　　　　日 　　　　　　　　　　　具狀人○○○　　　　簽名蓋章 　　　　　　　　　　　撰狀人○○○　　　　簽名蓋章					

參考透明房訊

●拍定後，法院令債務人 15 日～ 30 日自動搬遷，債務人自行點交通知【函文範例】

臺灣士林地方法院民事執行處執行命令

地址：臺北市內湖區民權東路六段 91 號
承辦人：意股
（02）2791-1521 轉○○

受文者：○○○
發文日期：中華民國○年○月○日
發文字號：士院儀 92 執意字第○○○○號
速別：
密等及解密條件或保密期限：
附件：

主旨：台端應於本命令送達之日起三十日內自行將如附表所示不動產點交予買受人接管，逾期不履行，即予強制執行。

說明：

一、本院 92 年度執字第○○○號債權人華○商業銀行股份有限公司等與債務人○○○間拍賣抵押物強制執行事件，業將 台端所有如附表所示不動產拍賣，由買受人得標買受，並繳清價金，且已核發權利移轉證明書在案，茲據買受人聲請點交。

二、屆期應即陳報債務人履行情形，逾期不陳報，視為債務人已自動履行完畢。

三、不動產標示如附表。

九十二年度執第○○○號　債務人：○○○

編號	土地座落				地目	面積 平方公尺	權利 範圍	最低拍賣 價格 （新臺幣）	備 考
	縣市	鄉鎮 市區	段	小段					

●拍定後，陳報債務人或現住人已自動搬遷【書狀範例】

前提：債務人或現住人已搬或找不到人

民事陳報狀				
案號	年度	字第 號	承辦股別	
訴訟標的金額或價額	新臺幣		元	
稱謂	姓名或名稱	依序填寫：國民身分證統一編號或營利事業統一編號、性別、出生年月日、職業、住居所、就業處所、公務所、事務所或營業所、郵遞區號、電話、傳真、電子郵件位址、指定送達代收人及其送達處所。		
陳報人（債權人或拍定人）	○○○	國民身分證統一編號（或營利事業統一編號）： 性別：男／女　　出生年月日： 住居所或營業所及電話： 送達代收人姓名、處所：		
相對人即債務人	○○○	國民身分證統一編號（或營利事業統一編號）： 性別：男／女　　出生年月日： 住居所或營業所及電話： 送達代收人姓名、處所：		
陳報主旨：債務人或現住人已自動搬遷 　　債務人或現住人早已自動搬離法拍屋現場並且大門未上鎖證人鎖匠○○○及管理員○○○。進入屋內早已空屋並且斷水斷電當場現況拍照存證並且送院附卷備查。 　　謹狀 臺灣○○法院民事執行處　　　　　公鑒				
證物名稱及件數				
中　華　民　國　　　　　年　　　　月　　　　日 　　　　　　　　　　　具狀人○○○　　　　簽名蓋章 　　　　　　　　　　　撰狀人○○○　　　　簽名蓋章				

●拍定後，陳報債務人或現住人，同意自動搬遷【書狀範例】

前提：債務人或現住人已搬、已付搬遷費

民事陳報狀				
案號	年度　　字第　　號		承辦股別	
訴訟標的金額或價額	新臺幣		元	
稱謂	姓名或名稱	依序填寫：國民身分證統一編號或營利事業統一編號、性別、出生年月日、職業、住居所、就業處所、公務所、事務所或營業所、郵遞區號、電話、傳真、電子郵件位址、指定送達代收人及其送達處所。		
陳報人（債權人或拍定人）	○○○	國民身分證統一編號（或營利事業統一編號）： 性別：男／女　　出生年月日： 住居所或營業所及電話： 送達代收人姓名、處所：		
相對人即債務人	○○○	國民身分證統一編號（或營利事業統一編號）： 性別：男／女　　出生年月日： 住居所或營業所及電話： 送達代收人姓名、處所：		
陳報主旨：債務人或現住人同意自動搬遷 　　債務人或現住人同意十日內自動搬遷並簽具同意搬遷協議書壹份因此，債務人或現住人同意○○年○月○日前自動交付買受人。 　　　謹狀 臺灣○○法院民事執行處　　　　　公鑒				
證物名稱及件數				
中　華　民　國		年　　　　月　　　　日 具狀人○○○　　　簽名蓋章 撰狀人○○○　　　簽名蓋章		

●切結書

切　　結　　書

立切結書人　承租　　　市　　鄉鎮　　街
　　　　　　座落於　　段巷弄　　號
　　　　　　居住　　　縣　　市區路

之樓全部居住，決定於民國　　年　　月　　日以前搬遷，將房屋騰空，現況保持完整點交給　　先生／小姐絕不遲延，逾期遺留屋內一切物品視同廢物，由其逕行處理，本人負責及排除第三人一切行為主張，絕無異議，並願負法律上民、刑事及現行法令一切完全責任。特立此切結書為證，以昭信守，絕不反悔，具結如上，屬實。

立切結書人：
身分證字號：
戶　籍　地：

附註：

（一）具結同時，收受搬遷費用新臺幣　　元整，餘款新臺幣　　元整，於點交之日給付，合計新臺幣　　元整。

（二）房屋水電費、瓦斯費、清潔費、管理費及其他用於房屋支付費，由本人於點交之日前結清繳納。

（三）遷讓之日，戶籍自行遷出。

（四）房屋固有物，隨同房屋點交，如有破壞毀損，願由本人負責賠償。

中　華　民　國　　年　　月　　日

參考透明房訊（十四之 21） 法院拍賣實務講習班

●拍定後，陳報債務人或現住人並未按期自動搬遷【書狀範例】

前提：債務人或現住人不搬

民事陳報狀					
案號	年度	字第	號	承辦股別	
訴訟標的金額或價額	新臺幣			元	
稱謂	姓名或名稱	依序填寫：國民身分證統一編號或營利事業統一編號、性別、出生年月日、職業、住居所、就業處所、公務所、事務所或營業所、郵遞區號、電話、傳真、電子郵件位址、指定送達代收人及其送達處所。			
陳報人（債權人或拍定人）	○○○	國民身分證統一編號（或營利事業統一編號）： 性別：男／女　　出生年月日： 住居所或營業所及電話： 送達代收人姓名、處所：			
相對人即債務人	○○○	國民身分證統一編號（或營利事業統一編號）： 性別：男／女　　出生年月日： 住居所或營業所及電話： 送達代收人姓名、處所：			
陳報主旨：債務人或現住人並未按期日自動履行搬遷 　　鈞院○○年度執字第○○○號陳報人○○○與債務人○○○間請求○○○○○○執行 事件經奉執行命令副本應於民國○○年○○月○○日前查報債務人自動履行情形茲以債務人逾期仍未自動履行，特此陳報，並請繼續強制執行。 　　　謹狀 臺灣○○法院民事執行處　　　　　　　公鑒					
證物名稱及件數					
中　華　民　國　　　　　年　　　　月　　　　日 　　　　　　具狀人○○○　　　　簽名蓋章 　　　　　　撰狀人○○○　　　　簽名蓋章					

●拍定後，第一次定期履勘不動產通知【函文範例】

臺灣板橋地方法院民事執行處通知

地址：新北市土城區青雲路 138 號
承辦人：土股
○○○○○○○

受文者：如正副所示之行文單位

發文日期：中華民國○年○月○日

發文字號：士院儀 92 執土字第○○○○號

速別：

密等及解密條件或保密期限：

附件：

主旨：茲定於 93 年 3 月 24 日上午至位於新北市泰山區
　　　○○○○○○○○○現場履勘。

說明：

一、本院 92 年度執字第○○○號債權人合○金庫銀行股份有限公司
　　等與債務人○○○間清償債務強制執行事件，業將債務人所有後
　　開不動產拍賣，由買受人○○○買受並發給權利移轉證明書。

二、拍定之不動產已屬買受人所有，凡附著於建物之全部設備，均為
　　拍賣效力所及，債務人或使用人不得拆卸或毀壞，如有上開行為，
　　將構成刑法之毀損罪責。

三、買受人屆期應於 93 年 3 月 24 日上午 8 時 30 分來本院引導執行
　　人員前往現場執行履勘，如債務人已於期前自動履行應即向本院
　　陳明。

四、債務人屆時若不在場執行不因之停止買受人應先聯絡管區警員及
　　鎖匠助執行。

正本：買　受　人○○○　　　住址：新北市泰山區○○○○○○○
　　　送達代收人○○○　　　住址：臺北市中山區○○○○○○○
副本：債　務　人○○○　　　住址：新北市泰山區○○○○○○○
　　　　　　　　　　　　　　身分證統一編號：○○○○○○○○

●拍定後，法院執行強制點交通知【函文範例】

臺灣臺北地方法院民事執行處通知

發文日期：中華民國○年○月○日
發文字號：北院錦 92 執字第○○○○號
附件：

受文者：占有人　　　　　住址：臺北市萬華區○○○○○○○
　　　　債務人　　　　　住址：臺北市萬華區○○○○○○○
　　　　　　　　　　　　身分證統一編號：○○○○○○○
副本收受者：買受人　　　住址：臺北市萬華區○○○○○○○
　　　　　　　　　　　　身分證統一編號：○○○○○○○

主旨：茲定於○年○月○日上午○時前往現場執行點交後開不動產。
說明：

一、本院 92 年度執字第○○○號債權人合○金庫銀行股份有
　　限公司等與債務人○○○間清償債務強制執行事件，業將
　　債務人所有後開不動產拍賣，由買受人○○○買受並發給
　　權利移轉證明書。

二、拍定之不動產已屬買受人所有，凡附著於建物之全部設備，
　　均為拍賣效力所及，債務人或使用人不得拆卸或毀壞，如
　　有上開行為，將構成刑法之毀損罪責。

三、買受人請雇用工人五名準備搬移物品，屆期應提前六十分
　　來本院引導執行人員前往現場執行點交，如債務人已於期
　　前自動履行，應即向本院陳明。

四、債務人如不自行點交，屆時又不在現場等候點交，本院即
　　予強制執行，點交亦不因之停止。

五、不動產標示：台北市萬華區○○○○○○○○○

買受人應將本通知影印張貼於門首，並拍照存查。

●拍定後，向法院陳報法拍屋現場遺留物【書狀範例】

民事陳報狀				
案號	年度　　字第　　號		承辦股別	
訴訟標的金額或價額	新臺幣　　　　　　　　　　　　　元			
稱謂	姓名或名稱	依序填寫：國民身分證統一編號或營利事業統一編號、性別、出生年月日、職業、住居所、就業處所、公務所、事務所或營業所、郵遞區號、電話、傳真、電子郵件位址、指定送達代收人及其送達處所。		
陳報人（債權人或拍定人）	○○○	國民身分證統一編號（或營利事業統一編號）： 性別：男／女　　出生年月日： 住居所或營業所及電話： 送達代收人姓名、處所：		
相對人即債務人	○○○	國民身分證統一編號（或營利事業統一編號）： 性別：男／女　　出生年月日： 住居所或營業所及電話： 送達代收人姓名、處所：		
陳報主旨：法拍屋現場遺留物。 　　鈞院發給債務人或現住人之函文，公文中命令，文到十日內自行領取現場遺留物。然至今早已逾十日，謹請　鈞院允許買受人以廢棄物處理。 　　　謹狀 臺灣○○法院民事執行處　　　　　　　公鑒				
證物名稱及件數				
中　華　民　國　　　　　　　年　　　　月　　　　日				
具狀人○○○　　　　簽名蓋章 　　　　　　　　　　　撰狀人○○○　　　　簽名蓋章				

臺灣臺北地方法院民事執行處通知

地址：臺北市中正區博愛路 131 號
承辦人：荒股
○○○○○○

受文者：○○○
發文日期：中華民國○年○月○日
發文字號：北院錦 90 執荒字第○○○○號
速別：
密等及解密條件或保密期限：
附件：

主旨：本院於○年○月○日通知債務人○○○於文到十日內前
　　　往台北市萬華區○○○○○○○取回放置該處之物品，
　　　逾期不取回視為廢棄物債務人於○年○月○日收受文件
　　　如未前往取回同意由台端以廢棄物處理。

正本：買　受　人○○○　　　住址：新北市泰山區○○○○○○○
　　　送達代收人○○○　　　住址：臺北市中山區○○○○○○○
副本：債　務　人○○○　　　住址：新北市泰山區○○○○○○○
　　　　　　　　　　　　　　身分證統一編號：○○○○○○

法官○○○

●拍定後，執行法院命債務人取回遺留物通知【函文範例】

臺灣士林地方法院民事執行處執行命令

地址：臺北市內湖區民權東路六段 91 號
承辦人：勇股
○○○○○○○

受文者：○○○
發文日期：中華民國○年○月○日
發文字號：士院儀 92 執勇字第○○○○號
速別：
密等及解密條件或保密期限：
附件：

主旨：請於文到十日內逕向買受人取回現場遺留物，逾期未領依強
制執行法第一百條第二項規定予以拍賣。
說明：
一、本院受理 92 年度執字第○○○號債權人國○世華商業銀行股
份有限公司等與債務人○○○間清償債務強制執行事件，於
○年○月○日將債務人所有如附表所示不動產，解除債務人
之占有，點交給買受人接管，現場債務人遺留未遷移物品（詳
如後附陳報狀），已暫交買受人保管。
二、買受人保管債務人未遷移物品場所：○○○○○○○○○○○○○
三、不動產標示如附表。

九十二年度執第○○○號　　債務人：○○○								
編號	土地座落				地目	面積	權利範圍	最低拍賣價格（新臺幣）	備考
	縣市	鄉鎮市區	段	小段		平方公尺			

●定期拍賣屋內遺留物【函文範例】

臺灣士林地方法院民事執行處通知

地址：臺北市內湖區民權東路六段 91 號
承辦人：勇股
○○○○○○○

受文者：○○○

發文日期：中華民國○年○月○日
發文字號：士院儀 92 執土字第○○○○號
速別：
密等及解密條件或保密期限：
附件：

主旨：茲定於民國○年○月○日上午○時在現場實施公開拍賣，請
屆時在場。

說明：

一、本院受理 92 年度執字第○○○號債權人國○世華商業銀行股
份有限公司等與債務人○○○間清償債務強制執行事件，債
務人○○○之遺留物，經通知取回，逾期未領取。

二、買受人應於當日上午 9 時 50 分前以電話通知本院將自行前往
現場等候。

三、債務人如屆時故意不到場，執行不因而停止。

正本：買　受　人○○○　　　住址：新北市泰山區○○○○○○○
　　　送達代收人○○○　　　住址：臺北市中山區○○○○○○○
副本：債　務　人○○○　　　住址：新北市汐止區○○○○○○○
　　　　　　　　　　　　　　身分證統一編號：○○○○○○
　　　代　理　人○○○　　　住址：臺北市萬華區○○○○○○○

法官○○○

八、不點交篇

 總論（8 種租約）

　　不點交物件是投資法拍屋業者最愛恨交加的產品，因為利潤高，但風險也大，不點交的種類約有 32 種，其中以「租約」占第一位。

案例

張三以前以標購「點交」物件為主，但最近由於投標競爭很激烈，利潤愈來愈薄。法拍屋界流傳著一則笑話，因為點交物件法院保證交屋，所以拍定價金愈標愈高，甚至比市價更高。所謂「投資客價金標不過代標業者，代標業者價金標不過自住客，自住客價金標不過白目的，白目的價金標不過神經病者。」所以張三決定放棄「點交」物件，改投資「不點交」物件。

但市面很少有關如何投資不點交的參考書，張三仔細研究

「透明房訊」法拍屋資訊，租約不點交約 20% 左右，請問張三如果想標購有租約的不點交物件，該如何處理交屋問題？

解析

根據民法第 425 條（買賣不破租賃原則及其例外）：

1. 出租人於租賃物交付後，承租人占有中，縱將其所有權讓與第三人，其租賃契約，對於受讓人仍繼續存在；

2. 前項規定，於未經公證之不動產租賃契約，其期限逾五年或未定期限者，不適用之。

因此，許多海蟑螂都利用民法第 425 條來強占法拍屋，讓拍定人雖然得到法拍屋的所有權，但卻無使用權，而且租約內容幾乎都是「長租期，低租金」，造成拍定人看到自己的房屋被別人高高興興的占用，自己卻只能望屋興嘆。而且法拍屋因為不點交，銀行無法貸款，造成資金周轉不靈。

租約有分成 8 類：1. 正常租約；2. 超過 5 年的租約；3. 未定期限租約；4. 以債抵租；5. 以債息抵租；6. 以押金抵租；7. 以押金利息抵租；8. 租金於訂約時預先一次付清。

不點交 32 種及處理方式

（一）法拍屋何種條件「不點交」：

1. 租約

   1.1 正常租約；

   1.2 長租約，低租金（五年以上需公證，89.05.05 生效，不溯及既往）；

   1.3 不定期租約，需公證（89.05.05 生效，不溯及既往）；

   1.4 以債抵租，以債息抵租；

   1.5 以押金抵租，以押金利息抵租；

   1.6 租金押金一次付清。

2. 無償借用

   （借用、使用借貸、無償使用、免費使用）

3. 無權占用

4. 一個房間出租

5. 二房東再轉租

6. 買賣糾紛，占有中

7. 應有部分不點交（地下停車位）

   7.1 停車位（法定、獎勵、增設）；

   7.2 管理室；

   7.3 公用設施（樓梯間）。

8. 使用關係不明

9. 第三人同居占有

10. 空屋不點交

   （查封時有人占有、假租約）

   →租約是假的，一造辯論終結

11. 債權人陳報，債務人自住。屬實則點交，否則不點交。

12. 租約已被排除，確定則點交，否則不點交。

   地院異議→高院抗告→最高法院再抗告

13. 土地共有拍賣（優先購買權 [債權]，不點交）

14. 地上物拍賣

   無權占有→拆屋還地

   有權占有

   14.1 地上權（優先購買權 [物權]）；

   14.2 典權（優先購買權 [物權]）；

   14.3 承租基地建屋（優先購買權 [物權]）；

   14.4 推定租約；

   14.5 法定地上權（優先購買權 [物權]）；

   14.6 借地建屋；

   14.7 土地使用權同意書。

15. 筆錄點交，拍定後不點交（拍定後，點交前）。

   15.1 租約（債務人給拍定人租金）；

15.2 買賣（債務人給拍定人買屋訂金）。

16. 變賣分割共有物

協議分割、裁判分割、變賣分割共有物。

17. 拍定後租約到期

17.1 租約到期→無權占有；

17.2 租約即將到期→不予續租（存證信函）。

18. 點交後又搬回

刑事：毀損、竊占、侵入住居；

民事：聲請點交（千分之八 強制執行費）。

19. 建物共有

（優先購買權 [債權]，不點交）

20. 買賣糾紛＋租約（常業海蟑螂）

21. 土地上經濟作物，土地下經濟作物。

22. 新增建物（違建）

53 年 12 月 31 日以前不拆；

83 年 12 月 31 日前緩拆；

84 年 1 月 1 日後馬上拆。

23. 出租人非所有權人

24. 張三實際出資，但登記李四名義，法拍屋目前占有人為張三。

25. 工廠交付

26. 土地上有其他共有人之建物，不在拍賣範圍內

27. 既成巷道

28. 道路用地

29. 無法區分特定位置

30. 期滿後，自動續約（約定）。

31. 所有權人張三出租予李四，租賃期間又信託登記予李四，李四又出租予王五。

32. 債務人出租於（1）自己為負責人之公司使用時？（2）該公司負責人為與債務人非共同生活之女婿或外人，但債務人仍屬股東之一時？

※ 不點交打官司

1. 刑事：竊占、傷害、妨害自由（強制罪）、偽造文書（租約）、侵入住居罪；

2. 民事：遷讓房屋、拆屋還地、返還平臺（頂樓加蓋）。

※ 打官司訴訟標的計算

訴訟費為標的百分之一點一，強制執行費為標的千分之八。

1. 建物價值（如果可以不含土地，可省很多錢）；

2. 房屋課稅現值；

3. 租金 120 倍。

（二）法拍屋筆錄載明不點交之處理方式：

法律	（一）聲請閱卷－拍定後聲請 拍定後聲請閱卷是非常重要的，不僅可了解現住人之名字、身分證字號送達住址、占有情形（是否為單獨占有或集體占有）。如要打民、刑事官司，確定被告是很重要的。一但告錯對象，將面臨「誣告」之風險，反遭被告提訴，因此不得不慎重為之。尤其私下談判時，搬家補償費給錯對象是經常發生的事情。 （二）民事官司：如「遷讓房屋」、「拆屋還地」 （三）刑事官司：如「竊占」、「偽造文書」 目的：告對方租約是假的，出租人及承租人有偽造租約的嫌疑。 （四）舉證、蒐證：（舉例說明如下） 1.請教債權銀行，占有人出身背景及占有情形……等； 2.電力、自來水、瓦斯等，有無欠繳情形； 3.左右鄰居、樓上樓下及管理委員會（原住戶繳納管理費之情形）； 4.請教當地鄰長、里長就法拍屋實際占有情形。
談判	私下談判之對象及如何運用談判技巧 1.初次見面：採人多勢眾意見不一之氣氛造成對方壓力並找出能做主的見面談； 2.二次見面：我方人數降低，盡量以「公司立場」代表出面談判； 3.三次見面：逼「對方出價」、我方「少說多聽」。
法律 ＋ 談判	法律方式和私下談判、交叉併用達成雙贏的局面 1.假如打官司獲得勝訴，可降低支付搬家費。爾後，再詳談後決定搬遷費之給付多寡； 2.重點：不論訴諸法律訴訟或私下談判，無論如何，必須將搬遷費控制在預算之內。

如何辨識假租約及破解假租約？

（一）如何辨識假租約

假租約之型態大致可分為以下五種，依案例之不同而有不同的狀況：

1. 租金一次付清：

此種租約之型態最為厲害，因為法律上並無明文規定，租金要以何種方式支付，實務上債務人及占有人憑藉著租金已一次付清，而拒絕給付拍定人租金及返還該不動產。

2. 以押金抵租（以押金利息抵租）：

承租人將押金交付原屋主（即債務人），債務人未轉交押金予拍定人，此時拍定人不必退還押金給承租人，因為押金契約為要物契約，以金錢之交付，為其成立要件，惟承租人依租賃契約所為租金之預付，得以之對抗受讓人，故租賃契約如訂明承租人得於押金已敷抵充租金之時期內，不再支付租金，而將押金視為預付之租金者，雖受讓人（拍定人）未受押金之交付，亦得以之對抗受讓人（拍定人）。

3. 租期長（不定期租賃）：

一般定期租約是不可以超過 20 年，而比較大膽的假租約製

造者，大多會將租期設定在 20 年，而較平常的假租約，通常是設定為 5 年；此外債務人也常利用不定期租賃來威脅拍定人，以便索取高額搬遷費。

4. 以債抵租（以債的利息抵租）：

此為占有人在主張租約是否合法的方式中，最理直氣壯的一種假租約的形式，而此種「以債抵租」、「以債息抵租」代表的就是長期租約或不定期的象徵，使拍定人備感棘手。

5. 長租期，低租金：

此種類型，雖因占有人支付的租金偏低了點，但仍有支付租金的事實存在，所以較其他類型的假租約，更為高明。

（二）如何破解假租約：

1. 首先投標人不妨就，法院得公開閱覽的「查封筆錄」加以查明，承租人陳報的租約條件如何？如何在查封之前有假扣押、假處分，本案執行者，則各該保全執行或本案執行的查封筆錄又是如何記載？在兩相對照下，是否有矛盾？矛盾何在？租期是否在查封之後才開始？

2. 僅參考查封筆錄簡單的記載，恐怕還嫌不夠，一般而言，投標人最好聲請閱覽，各個查封執行卷，並將承租人陳

報的租約影印下來，對照先前抄錄的查封筆錄，以發現租約有無前後不一致？

3. 除了查閱查封筆錄及租約外，甚至還要查證承租人，何時遷戶籍於拍賣的不動產中，以核對「租期」或「戶籍遷入日期」是否相符，或根本未遷入。

4. 另外，憑承租人水電、瓦斯之繳費收據，也可以當作承租人確實有居住、使用該拍賣不動產（除土地外）的參考。

5. 至於有租金約定的租約，依據所得稅法的規定：承租人在付租金的時候，應負擔扣繳義務，而且，應填具扣繳憑單，交當地稅捐機關。因此，承租人有無給付租金，填報扣繳租金所得，也可以作為承租人租賃事實與否的參考。

6. 如有大廈、公寓管理者，投標人可向其查證，該拍賣不動產是否有租賃事實，只要管理員願出具證明，證明承租人是否確實居住在拍賣的不動產內，通常也是租賃有無的重要參考證據。

（參考楊金順律師、黃振國代書著《不動產法拍移轉及稅費》頁105～110，民國92年11月六版，永然文化出版股份有限公司）

房屋租賃契約不公證，買賣破租賃

【民法 §425】出租人於租賃物交付後，承租人占有中，縱將其所有權讓與第三人，其租賃契約，對於受讓人仍繼續存在。

前項規定，於未經公證之不動產租賃契約，其期限逾五年或未定期限者，不適用之。

（一）說明：

民法 §425 條規定之含意：「買賣不破租賃」即所有權的移轉不破租賃。如果先有租賃契約的成立，並且房客也搬進去居住，則屋主之後的所有權移轉（房東將房子賣給他人），房客仍可繼續居住，其權益絲毫不受影響。此時，新的房屋所有權人即為新房東（法律直接規定）。

（二）附註：

民國八十八年新修正的民法第四百二十五條對適用範圍作了限制，將不定期租賃契約及逾五年定期租賃契約而未經公證者排除在外。

如果所簽訂的租約是不定期租賃契約或是五年以上的定期租賃契約而未經法院公證者，房客就不可以租賃契約訂約在前並以搬入居住為理由，對抗新的房屋所有權人。

（參考條文：民法第 425 條第 1 項、第 866 條，強制執行法第 98 條第 2 項但書）

（三）法拍：

自民國 89 年 5 月 5 日起，超過五年的租賃契約或不定期租賃契約若未經公證不受「買賣不破租賃」之原則限制。

民法債權篇說明關於買賣不破租賃原則原本規定出租人在租賃物交付後即使所有權讓與第三人其租賃契約對於受讓人仍繼續存存。

部分債務人一旦房屋遭法院拍賣時債務人經常利用此法律漏洞與親友訂立長期或不定期租賃「假契約」讓有意標購房屋的民眾打消買意。

就法拍屋不點交案例而言，筆錄載明因「租賃關係不點交」，一經拍定後，拍定人即可聲請閱卷詳細了解租約是否公證，這對於拍定人提起民事遷讓房屋官司有很大的幫助。

正常租約

案例

債務人李四擁有菁華地段金店面，向銀行抵押設定，但最近投資股票失利，無法準時清償貸款，逾期三個月後，經銀行法務催收數次，但實在無力償還，於是李四登報出租金店面，租金是市價的一半，張三看報後，到現場發現黃

金店面，而且是三角窗，人潮滿滿，於是張三趕緊與房東李四簽訂一年租約，李四要求承租人張三按月開立支票共 12 張。但在承租中，金店面被法院查封，拍賣由拍定人王五取得金店面所有權，王五向承租人張三要求給付租金，但承租人張三解釋簽約時已交付 12 張支票予原出租人李四，不可能再付租金予新的所有權人，此時拍定人王五該如何處理租金及交屋事宜？

解析

原出租人（債務人李四）於簽約一次取得所有按月開立之票據，此時李四已取得「票據債權」，李四的金店面所有權被拍賣，由王五得標，如果未將票據交付王五，而由債務人（原出租人）按月提示予付款銀行，付款銀行依法有給付之義務，而承租人張三租金之給付當認為已履行。王五拍定人不得向承租人張三再收取租金，但王五依法向法院聲請假處分或為強制執行，聲請付款銀行不得對原出租人所取得之票據為付款，並經執行法院民事執行處函發扣押命令，命付款銀行依法未予兌現，則對於未兌現之支票即不生清償之效力。該租金之債務即難謂已消滅（最高法院 46 年度臺上字第 2018 號判例意旨參照），所以王五就此支票未兌現部分，即可向承租人張三請求給付租金。

超過五年租約

張三決定不標購點交物件，因為投標者眾多，利潤只剩下約5%，於是參考透明房訊的法拍屋網中有租約的不點交物件，法拍筆錄載明「起租日：104年2月2日，終止日109年2月2日不點交」地點適中、交通便利，底價與市價比較便宜，張三決定親自拜訪現住人李四，與他溝通協調，如果得標後，現住人要何時搬遷，搬遷條件等，但李四堅持不見面，而且叫別人放話，他要住到109年2月2日止才會搬家。張三對此法拍物件實在很喜歡，於是決定拼拼看，投標當日備妥投標保證金到法院民執處投標室和現住人李四不期而遇，李四非常生氣，當面警告張三不得投標，他再三強調要住到租約期滿，目前絕對打死不搬家，張三相當緊張，請問張三如得標後，要如何處理李四租約的問題？

解析

民法第425條（買賣不破租賃原則及其例外）

1. 出租人於租賃物交付後，承租人占有中，縱將其所有權

讓與第三人，其租賃契約，對於受讓人仍繼續存在；

2.前項規定，於未經公證之不動產租賃契約，其期限逾五年或未定期限者，不適用之。民國 89 年 5 月 5 日施行，重點現住人李四與所有權人（債務人）之間的租賃契約有無公證。因為租約的租期是 104 年 2 月 2 日到 109 年 2 月 2 日，剛好 5 年又 1 天，也就是逾五年，所以必須要公證才適用民法第 425 條，因此建議得標人張三要先向法院民執處聲請閱卷，如租約無公證，李四是無權占有，因為買賣破租賃，張三可以訴請法院遷讓房屋，官司一定會勝訴。

未定期限租約

案例

張三與許多投資客原以預售屋或新成屋為投資標的，但因 2016 年的房地合一稅開始，及前 2 年奢侈稅閉鎖期，造成投資預售屋的族群許多皆被斷頭，因此他們決定轉戰法拍屋市場，但許多人告訴張三法拍屋相當複雜，高利潤高風險，尤其是不點交物件常讓新手賠了夫人又折兵，建議先由點交物件入手，於是張三決定謀定而動，先參觀民事執行處投標室，發現點交物件有許多人競標，當然水漲船

高，相對利潤也愈低，但他發現不點交物件，相對競爭者少，尤其法院拍賣筆錄載明：「未定期限租約」，不點交，幾乎到第 3 次拍賣，才有老手進場，請問張三如標購未定期限租約，如何與現住人溝通協調搬遷事宜？

解析

　　首先討論何謂「未定期限租約」，一般法拍實務上有分 4 種：

1. 不定期租約；

2. 只有起租日，沒有終止日；

3. 民法第 422 條：不動產之租賃契約，其期限逾一年者，應以字據訂立之，未以字據訂立者，視為不定期限租賃；

4. 民法第 451 條：租賃期限屆滿後，承租人仍為租賃物之使用收益，而出租人不即表示反對之意思者，視為以不定期限繼續契約。

　　因此投標人要先確認，以上四種未定期限租約。起租日假如是民國 89 年 5 月 5 日以後的「未定期限租約」，未經法院公證是買賣破租賃，但不溯及既往，換言之，89 年 5 月 5 日以前的未定期限租約，雖然沒有公證，還是買賣不破租賃。此點投標人要特別注意。所謂公證就是一般地方法院公證處或地方法院所屬民間公證人都可以。

　　假如張三標購民國 89 年 5 月 5 日以前的不定期租約是買賣不破租賃，張三要如何處理此難題？建議一：主張土地法第 100 條第一項：出租人收回自住或重新建築時，但出租人要收回的租賃物是出租人唯一的房屋，換言之，出租人有 2 間房屋以上，要打民事官司，比較辛苦，實務上輸的機會比較大。建議二：主張民法第 442 條：租賃物為不動產者，因其價值之昇降，當事人得聲請法院增減其租金。但其租賃定有期限者，不在此限。換言之，不定期租約，出租人可以提高租金，但定期租約，出租人不可以任意提高租金。

▓ 以債抵租，以債息抵租

案例

張三與友人最近在股票市場小賺一筆，但股價上下震盪很大，張三很想另外投資新行業，剛好與小學同學李四不期而遇。張三發現同學滿面春風，印堂發亮，顯然有賺錢，於是請教李四在從事何種發財的生意，老同學也很高興與張三分享，原來李四投資法拍屋已數十年之久，法拍屋利潤相當穩定，雖然高利潤高風險，但熟能生巧，於是張三請教李四如何入門。

李四解釋法拍屋有分點交與不點交，但真正有利潤的物件以不點交為主，張三決定與好友李四合作投資不點交的法拍屋，他們在「透明房訊」法拍筆錄找到一間法拍屋，筆錄載明：「A君於民國104年3月6日欠B君新臺幣100萬，屆期無法清償，A君將座落房屋給B君，以每月1萬元租金來抵100萬，至清償為止。」他們到現場勘察，地點尚可、交通便利，而且目前是第三次拍賣，約市價的6成，他們決定投標。

當日準備2成保證金去法院投標室，因為當天下大雨，投標人不多，他們以高於底價一點點，試試手氣，沒標到就算了，對張三而言，學個經驗也不錯，沒有想到意外低價得標。於是他們7日內繳足尾款，領取不動產權利移轉證書後，馬上拜訪現住人B君，商量搬遷事宜，但是B君回答，每個月租金1萬元，一年租金12萬元，100萬元可抵8年4個月，他要住到租約期滿才願意搬，而且在租期中，他不能再付租金給拍定人張三及李四，B君主張以債抵租，也就是要從A君欠他100萬來抵扣，請問張三及李四要如何處理交屋問題？

解析

　　好像拍定人張三及李四是賠了夫人又折兵，既收不到每月租金 1 萬元，而且要讓 B 君住到租約期滿，建議本案可朝向兩個方案思考：

　　1. 租期 8 年 4 個月，民法第 425 條修正第 2 項於未經公證之不動產租賃契約其期限逾五年或未定期限不適用之。換言之，A 君與 B 君之間租約，如未經公證，對拍定人張三與李四是買賣破租賃。拍定人可以以無權占有訴請法院遷讓房屋請求 B 君搬家。

　　2. 如有公證，但是承租人 B 君以金錢貸與 A 君約定以債抵租，債之關係顯然發生 B 君與 A 君間，故在租賃關係存續中，但除有民法第 300 條所定之債務承擔情形外，原約定對該第三人（張三與李四）並非繼續有效，承租人 B 君當然不得對繼受人（張三與李四）以債抵付租金，而仍有對繼受人給付租金之義務。至以「以債息抵租」也是同一概念。

以押金抵租，以押金利息抵租

案例

張三最近要去法院投標，參考「透明房訊」法拍屋網站，

看見臺北市中山區一間公寓有第三人王五向債務人李四承租，法院拍賣公告上註明不點交，但價格很便宜，張三粗估，收租比錢放在銀行定存更好，於是決定到臺北地方法院民執處投標，也順利低價得標。張三七日內繳清尾款並領取權利移轉證書，立刻拜訪承租人王五，按王五與原屋主即債務人李四所簽訂的租賃契約每月租金 2 萬元之約定，按月給付給拍定人張三，但王五拿出租約向張三表示，在承租時已交付押金 240 萬元，強調承租人以押金抵租金，租期為 10 年，不再支付租金給張三，王五強調如果張三要他搬家，張三要先返還押金為條件，請問張三要如何處理此難題？

解析

民法第 425 條：1.出租人於租賃物交付後，承租人占有中，縱將其所有權讓與第三人，其租賃契約，對於受讓人仍繼續存在。2.前項規定，於未經公證之不動產租賃契約，其期限逾 5 年或未定期限者，不適用之。張三投標拍定買得，因強制執行程序中的拍賣，亦為買賣，買受人自領得民事執行處所發給的權利移轉證書之日起，即取得該不動產所有權。因此該不動產上原已存在的租賃關係，依強制執行法第 98 條第 2 項規定，即隨

同移轉買受人張三承受，張三自可依原租約請求承租人王五給付租金。民法第 425 條所謂對於受讓人繼續存在之租賃契約，係指民法第 421 條第一項所定意義之契約而言，若因擔保承租人之債務而授受押金，則為別一契約，並不包含在內，此項押金，雖因其所擔保之債權，業已移轉，應隨同移轉於受讓人，但押金契約，為要物契約，以金錢之交付，為其成立要件，押金權之移轉，自亦須交付金錢，始生效力。此與債權移轉時，為其擔保之動產質權，非移轉物之占有，不生移轉效力者無異。出租人未將押金交付受讓人時，受讓人既未受押金權之移轉，對於承租人自不負返還押金之義務。惟承租人依租賃契約所為租金之預付，得以之對抗受讓人，故租賃契約，如訂明承租人得於押金已敷抵充租金之時期內，不再支付租金，而將押金視為預付之租金者，雖受讓人未受押金之交付，亦得以之對抗受讓人（司法院院字第 1909 號解釋）。

實務上，押金是在擔保承租人租賃債務的履行，因此承租人向出租人或受讓人請求返還押金，必須等到租約到期或終止租約後才能行使，但是於租賃物所有權移轉與第三人，而原出租人並未將押金移轉交付租賃物受讓人之時，承租人的押金返還請求權，於租賃物讓與第三人時，即開始起算，並不需要等到租約到期或終止租約。

本案拍定人即受讓人張三，債務人（即出租人也是所有權

人）李四，承租人王五，法拍實務上承租人簽約時交付押金240萬元予出租人（即債務人）李四，李四負債累累，早就不知去向，絕對不可能將押金240萬交付予拍定人張三，所以承租人要求返還押金的對象是李四，張三既未受押金權之移轉，對於承租人自不負返還押金之義務。至於承租人強調以「押金抵租金」租期10年，租期中不再給付租金予拍定人張三，此點對張三顯然不利，但民法第425條（買賣不破租賃），修正於未經公證之不動產租賃契約，其期限逾五年，不適用之。此時王五與李四的租約長達10年，有兩種可能：有公證、無公證。

1. 有公證時，「買賣不破租賃原則」仍適用，此時拍定人張三不能向承租人收取租金，張三只能向原出租人即債務人李四請求轉付240萬元。除非張三主張民法第87條（虛偽意思表示）舉證承租人王五與出租人李四所簽訂之租約為通謀而為虛偽意思表示者，其意思表示無效。但張三負舉證責任，舉證之所在，敗訴之所在。

2. 無公證時，不適用「買賣不破租賃原則」，拍定人可訴請法院遷讓房屋，成功率大約百分之捌拾以上。

租賃契約如訂明承租人得於「押租金之利息足敷抵充租金」之時期，不再支付租金，而將押金視為租金之預付者，就令受讓人未受租金之交付，承租人亦得以之對抗受讓人。

（參考最高法院52年度臺上字第2857號判決）

租金預付

案例

張三自己專門投資小套房當包租公，他以前投資標的都是以新成屋或中古屋為主，但近來租金投報率下降，於是他想考慮較便宜的物件。有一天他在家裡看電視財經新聞，不動產相關問題主持人與名嘴們討論物超所值便宜的不動產中首為法拍屋，並詳細分析法拍屋的種類，點交、不點交等專業知識，電視中有一名專業法拍屋名嘴特別提起「租約，不點交」物件的利潤特別好，於是張三上「透明房訊」法拍屋網站，找到地點適中、交通便利、生活機能好的物件，法拍筆錄載明「105 年 2 月 1 日到 110 年 1 月 31 日，5 年租約，每月租金 6 萬元，不點交」，承租人是李四，出租人是王五（即債務人）。由於張三專門經營租屋市場，他馬上去市場調查法拍屋附近租金行情，結果他很高興，市調結果附近租金行情，以相同坪數及樓層大約每月租金約 5 萬元，所以張三考慮結果後，他認為雖然不點交，而且租期為 5 年，每月租金 6 萬元比市場租金行情每月租金 5 萬元更高，所以張三高興可當快樂包租公，因此當日大膽去法院民事執行處投標室投標，也順利得標，

於 7 日內繳足尾款，並領取不動產權利移轉證書後，登門拜訪承租人李四，並請求當月租金 6 萬元，但李四說與原出租人王五簽訂租約後，已預付 5 年全部租金新臺幣 360 萬元，換言之，張三得標後，平白損失租金收入新臺幣 360 萬元，請問張三如何處理此難題？

解析

　　租金預付是否合法？租賃契約之租金給付方式，係屬可由當事人自由約定之項目，所以如承租人與出租人於租約中約明租金一次付清，則承租人就已履行支付租金之義務，拍定人不得向承租人李四請求給付租金，此時拍定人張三之損失只得依不當得利或其它法律關係向原屋主即債務人王五請求返還自其所有權（領取不動產權利移轉證書日）之日起承租人所給付之租金，但拍定人張三也可聲請閱卷，拜訪左鄰右舍及管委會，收集證據，要證明所謂租賃關係確是通謀虛偽意思表示所產生，依民法第 87 條規定通謀而為意思表示者，其意思表示無效，契約自屬確定，當然自始無效，是被告（李四）無占有係爭房屋，正當權源存在，拍定人張三自得依民法第 767 條之規定，請求承租人李四自該屋搬遷，將該屋騰空返還拍定人張三。

定期租約，無法提高租金

案例

張三專長不動產投資，最近在好友鼓勵下投資法拍屋，剛開始沒有經驗，主要以點交物件為主，熟能生巧後，開始研究不點交的法拍屋，不點交物件約百分之二十是租約，張三在「透明房訊」法拍屋網站發現有租約不點交物件，租期為民國 105 年 1 月 2 日到 110 年 1 月 1 日，每月租金 2 萬元，地點適中、交通便利、生活機能相當好，而且拍賣底價非常低，張三市場調查後，當地行情約每月 5 萬元租金，顯然筆錄載明租金每月 2 萬元是偏低，張三評估後，慎重投標，也幸運低價得標，於 7 日內繳足尾款，並領取不動產權利移轉證書後，親自拜訪承租人，並希望能重新調高租金行情價每月 5 萬元，但承租人拒絕，請問拍定人張三要如何處理租金問題？

解析

張三想與承租人另立租約，或調高租金，或改變原租約內容是不可能的，因為拍定人所承受租賃契約是屬定期租賃，並無民法第 442 條請求法院增減租金之適用，故除非經由承租人同

意，合意債之更改。但假如拍定人張三有充分證據能證明租約是假的，「假的租賃契約」在法律上的意義是屬於民法第 87 條規定的通謀虛偽的意思表示，根據這種通謀虛偽的意思表示成立契約，當然無效，因此得標人張三可不受無效的假租約拘束。

借用

案例

張三本在電子業上班，但最近工廠外銷訂單減少很多，想增加業外收入，剛開始與好友共同投資預售屋及新成屋，皆有賺錢，但最近房地產景氣翻轉，他運氣非常好，見好就收，資金並沒有被套牢，有人告訴他房地產愈不景氣，法拍屋剛好逆勢成長，於是他轉戰到投資法拍屋，前 2 年皆標購點交物件，有小賺，但利潤尚可，一回生、二回熟，藝高人膽大最近開始研究不點交物件。在「透明房訊」法拍屋網站中，有筆錄「李四欠王五 100 萬元屆期無法清償，李四將座落房屋供王五免費使用或無償使用」或「王五借用李四房屋」或「王五住李四房屋，占有原因為使用借貸關係」等筆錄，張三看這些筆錄，不懂法律的真正意義，但這些筆錄的法拍屋價錢都非常便宜，所以張三決定以借

用或無償使用的法拍屋為投資標的，有一天在透明房訊的資訊發現地點適中、交通便利，重點是價錢比市價便宜約2成，張三決定後馬上去準備2成保證金，當日即去法院民執處投標室，參與投標，人並不多，他幸運低價得標後，並領取不動產權利移轉證書後，拜訪現住人王五，和他協調搬遷時間及搬遷條件，王五主張前所有權人李四，同意王五免費使用房屋，王五也要求拍定人張三依同樣條件免費讓王五使用，否則要王五馬上搬家的話，希望張三給付新臺幣100萬元當做搬遷補償費。請問拍定人張三如何處理交屋問題？

解析

按（使用借貸，借用，無償使用，免費使用）為無償契約，原屬貸與人與借用人間之特定關係，非如租賃之有民法第425條之規定，如借用物之所有權移轉予第三人後，借用人除得新所有權人之同意，允予繼續使用外，借用人不得對借用物之受讓人主張與原所有權人之使用借貸契約繼續存在而拒絕返還。所以拍定人張三當然不同意現住人王五繼續免費使用或借用張三的房屋，因此此時王五已是無權占有拍定人的不動產，此時張三可訴請法院遷讓房屋，這種官司拍定人約一年內第一審勝訴，再加上

假執行約 4 個月，建議現住人王五可要少許搬家費，馬上搬家。

租約被排除

案例

阿雄是臺商，15 年前西進大陸，剛開始的確利潤豐富，但近來中國大陸的土地、水電、工資皆高漲，生意衰退，負債累累，由臺商變成臺流回到臺灣。以前到中國經商為了準備資金，將座落臺北市大安區的公寓給銀行抵押設定貸出大筆資金，但經商失敗無法繳房貸，銀行法務部再三催收，但實在無能為力，阿雄請教代書的朋友幫忙，他們建議阿雄找一個信得過的親朋好友當承租人，做一份租約所謂「買賣不破租賃」不點交房屋被銀行聲請拍賣，由法院查封，如被第三人標走，因為不點交，得標人會付一筆搬家費予阿雄當做搬家補償費，長痛不如短痛，所以阿雄馬上找表弟阿義訂立租約，由於 6 個月未繳房貸，法院民事執行處某日由銀行承辦員引導書記官及執達員現場查封並詢問現住人阿義是自住或承租，阿義回答「我是承租人」並當場提出租約給法院，約 3 個月後，法院民執處公告筆錄載明「承租人阿義占用中，不點交」，阿雄很高興，並

感謝代書朋友幫忙，因為不點交實務上阿雄只要房屋被拍賣掉，拍定人一般都會準備搬家費予阿義，阿雄如此一來可解決最近失業的生活困境，但是突然有一天法院公文告訴阿雄與阿義之間的租約已被法院排除，換言之本案由不點交變成點交，請問租約為何會被法院排除？

解析

假設阿雄向銀行借款抵押設定日為 98 年 5 月 2 日，但阿雄與阿義的租約起租日是 100 年 5 月 2 日，則可能被排租，民法第 866 條規定：

1.不動產所有人設定抵押權後，於同一不動產上，得設定地上權或其他以使用收益為目的之物權，或成立租賃關係，但其抵押權不因此而受影響；

2.前項情形，抵押權人實行抵押權受有影響者，法院得除去該權利或終止該租賃關係後拍賣之；

3.不動產所有人設定抵押權後，於同一不動產上，成立第一項以外之權利者，準用前項之規定。綜上所述必須要符合 3 要件：（一）抵押權設定後，所簽訂的租約。（二）必須因租約確實影響抵押物價值減少。（三）法院依職權裁定除去租約或經抵押權人聲請。（二.三詳述於後文）

（二）必須因租約確實影響抵押物價值減少。

實務上第一次拍賣「不點交」流標後第二次拍賣底價是前次拍賣的底價的 8 成，此時極可能抵押物價值減少，因此抵押權人可以聲請排租，法院民事執行處會停拍約 30 天到 40 天，等到第 2 次拍賣公告筆錄會載明「租約已被排除確定，點交」或「租約已被排除確定則點交，否則不點交」。

（三）法院依職權裁定除去租約或經抵押權人聲請。

請注意拍定人或普通債權人無法聲請排租，只有抵押權人才有資格，不管第一順位抵押權人，第二順位抵押權人……，皆可排租，但要符合前二項要件。

阿義的租約被排除，可向地院異議，如被駁回，可向高院抗告，如再度被駁回，又可向最高法院再抗告。但到最高法院阿義必須要委任律師。以上流程，公文往返時間約 6 個月。

（參考吳奎新律師《成功揮拍：金拍、銀拍、法拍屋》，永然文化出版股份有限公司，102 年 9 月，106~108 頁）

筆錄原為點交突然改為不點交

案例

張三以前以投資中古屋、預售屋為主，但最近不動產不景

氣，他有一位好友李四是包租公，手頭大約 50 間房屋（小套房、雅房及店面），張三拜訪李四，請教生財之道，才知道原來李四數十年來投資法拍屋為主，並將改裝出租，於是張三也轉行涉足法拍屋市場，剛開始凡事起頭難，張三專找老舊大樓，地點適中、交通便利為主點交物件，因為點交物件法院保證交屋，雖然拍定價金稍高，但對初學者比較有保障。

終於皇天不負苦心人，張三找到 A 級法拍屋，法拍筆錄載明「債務人王五，自住，點交」，順利得標後於 7 日內繳足尾款，並領取不動產權利移轉證書後，馬上聲請點交。張三為了表現最大誠意及善意，親自攜帶薄禮專誠拜訪債務人王五，溝通協調搬遷事宜。王五告訴張三，律師說從聲請點交到法院強制執行約 4 個月，屆期王五會自動搬遷，這 4 個月期間王五將每月皆付租金予張三而且不要搬家費，並支付當月租金予張三，張三非常高興，當場簽下租金收據。王五馬上陳報法院租約，接下來，張三收到地方法院民事執行處公文：主旨是張三與現住人王五已簽訂新的租約，所以王五有合法占有權源，本件由點交轉為不點交，請問張三如何處理交屋問題？

▌解析 ◢

　　法院點交就是法院依公權力解除現住人或債務人占有，將使用權交付拍定人，但拍定人在點交前自行與現住人或債務人重新成立新的租約，法院民事執行處認定拍定人不需要法院點交，所以在點交中，千萬不可收取租金。此時張三又要訴請法院遷讓房屋官司，真是賠了夫人又折兵，而且官司勝負還不知道。

　　另外還有一種情形，就是拍定人與現住人簽訂買賣契約書，接下來，現住人陳報法院民執處，他與拍定人正在買賣當中，民執處也會發公文給拍定人，主旨：點交變成不點交。建議盡量不要和債務人打交道，因為債務人鬼點子多，所以一定要請法院解除現住人或債務人占有，將使用權交付拍定人後，再將房屋出租或出售予第三人，風險較少。

▌車位不點交

案例

張三原住在臺中，上臺北經商，想找一間辦公室兼有車位，他的好友告訴他，如買預售屋或新成屋房價太貴，因為張三預算有限，因此建議找法拍屋比較便宜，於是張三透過「透明房訊」法拍屋網站找到地點適中、交通便利、生活

機能很好的商圈，面積約 80 坪附一個平面車位，剛好適合張三的需求，但是他很疑惑，法拍筆錄載明辦公室點交，但車位不點交，張三很困惑，因為他以前有買中古屋的辦公室附車位，但賣方的車位都併同房屋點交給買方，為何法拍屋沒有？

解析

先解釋車位的種類共分三種：

（一）法定停車位

1. 停車位隨主建物移轉；

2. 車位的持分登記在大公或小公；

3. 只能在該區分所有建築物之區分所有權人之間買賣。實務上稱持分調整；

4. 可能有持分，但無車位。

根據「建築技術規則」第 59 條和都市計畫法相關規定設置，可分為「法定防空避難設備兼做法定停車空間」意指大樓地下室，是充作防空緊急避難之用，平時兼做法定停車空間，但戰時供作防空避難使用。法定停車位原本可登記產權，也可以取得持分所有權及所有權狀，因此可以自由買賣或移轉登記產權。直到民國八十年九月十八日內政部以函解釋，法定停車位不得

與主建物分離，應為建物全體所有權人所共有或合意由部分該區分所有建物區分所有權人所共有，同時其移轉承受人應為該區分所有建物之區分所有權人，因此由上項解釋，民國80年以前，法定停車位可以不隨建物買賣，但以後車位必須與主建物一起，才能辦理移轉。民眾在購買上述車位時，車位將隨主建物一起買賣，而且登記在「大公」部分，雖然車位登記有產權，卻屬於整個大樓區分所有權，未必有使用權，因此造成「有位停不得」這是民眾購買法定停車位時，要特別注意。

（二）獎勵停車位（建商是贏家）

政府為配合都市發展，並解決日趨嚴重的停車問題，獎勵建商或起造人於建築時，依政府相關法律規定，申請核准以增加建物樓地板面積（增加建築容積）所設置的停車位，獎勵停車位應提供「公眾使用」，也就是應供不特定第三人停車使用，並於建築物明顯位置設置停車空間標示牌，內政部解釋所謂「公眾」包括車位所有權本人，也就是不管是由所有權人自行使用或供任何不特定人依約定使用，都稱為供「公眾使用」，由於獎勵停車位在所有權與使用權認知不同，糾紛不斷，其中最大的受惠者是屬於建商，建商的好處有：（一）增加樓地板面積；（二）車位可賣給住戶，不肖建商用超賣的方式，牟取暴利；（三）建商可向銀行抵押設定貸款，至於受害者，則屬大樓買車位的住

戶，付費卻不一定有使用權，還必需負擔管理費。

（三）增設停車位

1. 一車一位；

2. 有獨立產權登記；

3. 不限於該大樓內買賣，換言之可自由買賣予外人；

4. 得編列門牌，領有戶政機關核發之地下室證明書或領有地下室所在地址證明書。

有關建築物應設置之法定停車位已足夠了，建商另外花費自行增設停車空間，並在安全設計及符合法律規定。得依土地登記規則第 79 條規定申請建物所有權第一次登記，而若增設停車位多個，其登記方式，一般以共有持分建物方式取得所有權。

不管法定停車位、獎勵停車位、增設停車位，一般而言都屬共有狀態，至於共有物之管理民法第 820 條明文規定：

1. 共有物之管理，除契約另有約定外，應以共有人過半數
   及其應有部分合計過半數之同意行之。但其應有部分合
   計逾三分之二者，其人數不予計算；

2. 依前項規定之管理顯失公平者，不同意之共有人得聲請
   法院以裁定變更之；

3. 前二項所定之管理，因情事變更難以繼續時，法院得因
   任何共有人之聲請，以裁定變更之；

4. 共有人依第一項規定為管理之決定，有故意或重大過失，
   致共有人受損害者，對不同意之共有人連帶負賠償責任。

　　法院民事執行處在查封主建物及車位，車位的持分是共有，
而且書記官也不清楚該大樓的車位的分管協議或管理之決定，實
務上書記官會在查封筆錄載明「車位，不點交」。建議張三得標
後，要與管委會、總幹事、管理員交朋友，給一些好處，希望他
們告訴你車位正確位置，因為萬一要打官司，要先確認車位的數
量及位置，拍定人要負舉證責任。

 法定地上權與地上權之區別

案例

張三在「透明房訊」法拍筆錄中發現一透天 3 樓房屋，使用狀況良好，只拍賣建物，土地沒有拍賣，而且建物非常便宜。但張三怕地主會訴請法院拆屋還地，所以張三事先拜訪地主李四，李四非常客氣說假如張三標到建物的話，只要付地租給李四即可，地租價金將來彼此可協調。

於是張三放心去法院投標並順利低價得標，於 7 日內繳足尾款，領取不動產權利移轉證書後，再度拜訪李四，就地租價金、租期及給付方式協調租約內容，但李四的太太對租金有意見，揚言假如協調破裂，他們將訴請法院拆屋還地。張三非常緊張，地上物 3 樓的透天厝雖然比市價便宜很多，但也付將近新臺幣 300 萬元，如被李四夫妻拆除，真是賠了夫人又折兵。請問張三應如何處理？

解析

　　土地上有建築物時，投標人最好土地及建物都要買，假如單買土地或單買建物相對風險增加，缺點如下：

　　1. 銀行不貸款，資金壓力大；

　　2. 單買建物，可能會被地主拆屋還地；

　　3. 單買土地，可能收取微薄地租。

　　本案例只有標購建物，但土地無拍賣的情況，除非有以下三種條件的地上權：

　　1. 民法第 838 條之 1（法定地上權：「1. 土地及其土地上之建築物，同屬於一人所有，因強制執行之拍賣，其土地與建築物之拍定人各異時，視為已有地上權之設定，其地租、期間及範圍由當事人協議定之；不能協議者，得請求法院以判決定之。其僅以土地或建築物為拍賣時，亦同。2. 前項地上權，因建築物之滅失而消滅。」）

　　2. 民法第 876 條（法定地上權）：

　　A. 設定抵押權時，土地及其土地上之建築物，同屬於一人所有，而僅以土地或僅以建築物為抵押者，於抵押物拍賣時，視為已有地上權之設定，其地租、期間及範圍由當事人協議定之。不能協議者，得聲請法院以判決定之。

　　B. 設定抵押權時，土地及其土地上之建築物，同屬於一人

所有，而以土地及建築物為抵押者，如經拍賣，其土地
與建築物之拍定人各異時，適用前項之規定。」

3.土地法第 104 條中地上權（民法第 832 條：稱普通地上
權者，謂以在他人土地之上下有建築物或其他工作物為目的而
使用其土地之權。）請注意房屋出賣時，基地所有權人有依同
樣條件優先購買之權。其順序以登記之先後定之。基地出賣時，
地上權人、典權人或承租人有依同樣條件優先購買之權。

因此張三如買到建築物與土地之關係（1.民法第 838 條之 1；
2.民法第 876 條；3.土地法第 104 條之地上權）是有權占有，
土地之所有權人李四，無法訴請法院針對張三的建築物拆屋還
地，但張三要付地租給地主。

接下我們討論地上權的建築物與法定地上權的建築物有何
差別。

請注意法定地上權，因建築物之滅失而消滅（法定地上權
係為維護土地上之建築物之存在而設，而該建築物於當事人協議
或法院判決所定期間內滅失時，即無保護之必要。），但地上權
的建築物是依民法第 841 條（地上權之永續性）地上權不因建
築物或其他工作物之滅失而消滅。

土地法第 34 條之 1

案例

張三投資法拍屋約 10 年左右，也標購約 50 件左右不點交物件，因此賺了不少錢，不過最近在「透明房訊」資訊中，常看到筆錄載明「臺北市中山區龍江路○號 3 樓拍賣權利範圍1/4，不點交」。他覺得很好奇，以前他已標購的物件，建物權利範圍皆是全部，為什麼會產生權利範圍 1/4 ？

他在地方法院投標室觀察數星期後，經過詳細統計，只要是拍賣共有物的持分（應有部分）的物件，投標人數，競爭對手非常少，而且大部分是第三次拍定，顯然利潤相對豐富，因此張三很想了解為何會產生共有物，以及如何標購持分的物件，接下來如何處理相關使用權交付事宜。

解析

　　會產生共有物的持分，例如 1/2、1/3、1/4 等，有以下三種可能：

　　1. 甲、乙資金各出一半投資某不動產，持分比率各 1/2，因此該不動產的所有權是甲 1/2、乙 1/2；

2. 甲1及甲2的父親往生留下一間不動產，繼承人甲1及甲2兄弟，法定應繼分為2，所以該不動產登記為甲1 1/2，甲2 1/2；

3. 原不動產為甲單獨所有，甲將1/3贈與（或出賣）與乙，甲仍保有2/3，因此甲乙共有各2/3及1/3。

因此假設某不動產，甲、乙、丙、丁各1/4，丁欠債權人A君新臺幣100萬元，丁屆期無法清償，A君取得對丁債務人之執行名義，向地方法院民執處聲請查封拍賣，此時地方法院民執處拍賣筆錄：「某不動產，只拍賣丁1/4，不點交，其它共有人有優先購買權」。

法院拍賣程序，假設張三標購丁1/4，如得標，法院命張三暫時不用7日內繳足尾款，而是依土地法第34條之1，先行通知其它共有人甲、乙、丙三人，合法送達15日內行使優先購買權（相同條件，相同價金）。

此時有三種情形：

1. 甲、乙、丙三人皆放棄，張三取得丁1/4；

2. 單獨優購：A. 甲行使優購，乙、丙放棄；B. 乙行使優購，甲、丙放棄；C. 丙行使優購，甲、乙放棄；

3 共同優購：A. 甲、乙共同優購，丙放棄；B. 甲、丙共同優購，

乙放棄；C.乙、丙共同優購，甲放棄；D.甲、乙、丙共同優購。

一般共有人優購動機：如張三得標價金偏高，甲、乙、丙三人可能放棄，但如張三得標價金偏低，其它共有人皆可能行使優先購買權。可見共有人是守株待兔是消極的，但法律保護比較積極的，如甲對丁 1/4 勢在必得，他不等待張三拍定，再行使優購，而親自到民執處投標室投標，假如甲最高標得標，本身又是共有人，此時其它共有人乙、丙喪失優先購買權。但甲未得標，由張三拍定，甲、乙、丙三人可行使優先購買權。

接下討論有關於使用權交付研究：

如張三得標拍賣共有物應有部分時，若共有人已約定分管，執行法院應將債務人（丁 1/4）現實占有部分，按占有現況點交拍定人，這是目前實務處理方式，換言之該共有物的應有部分只要不是債務人占有，即無從點交，此時只有三條途徑可走：

（一）如債務人丁 1/4，現實占有部分（已約定分管）拍定人張三可聲請執行法院民執處依強制執行法第 99 條第 1 項前段規定及辦理強制執行事件應行注意事項第 57 項第 5 款規定，由法院判斷是否辦理點交。

（二）甲、乙、丙、丁四人間就共有不動產並未訂有分管契約，而由甲一人擅自使用全部共有物，此時拍定人張三已取得

丁 1/4，得本於所有權請求除去其妨害或請求其向全體共
有人返還占用部分。

（三）如業已分管，由他共有人全部占有，或未約分管，且無契
約訂有不分割之期限者，建議依民法第 823 條規定，隨
時請求分割共有物，以劃清權利歸屬，確保權益。

何謂公同共有？

案例

張三投資法拍屋數十年，算是資深老鳥，近兩年來，他標
購分別共有的共有物約 25 件，利潤相當好，因此對自己
充滿信心。有一次到地方法院民執處投標室偶然發現有一
物件，非常熟眼，而且一再流標，到第四次拍賣，價錢非
常便宜，而且交通便利、生活機能也很好，參考「透明房
訊」法拍資訊：「甲、乙、丙、丁、戊公同共有一間公寓，
各一分之一，戊是債務人，因欠債未還，被 A 債權人查封，
換言之只拍賣戊公同共有一分之一。」

張三調土地及建物謄本發現，甲、乙、丙、丁、戊皆繼承
取得，而且同一天登記，因為法拍資訊看不到繼承表等相

關資料，他推測法定應繼分可能是 5，於是張三就以該不動產的五分之一價值當參考值，去地方法院民執處投標也低價得標，請問張三如何處理戊公同共有一分之一？

解析

地方法院民執處只拍賣債務人戊按法定應繼分之公同共有「權利」，請注意「權利」與所有權是不同的，張三預估戊公同共有一分之一可能是五分之一並不正確的，拍定後張三取得「權利」有以下煩惱：

1 繼承表；

2 被繼承人就此不動產有無另以遺囑分配；

3 繼承人間有無其它協議；

4 債務人是否發生歸扣，扣還等問題。

張三事後得知，甲、乙、丙、丁、戊雖然同一天繼承取得，而且參考繼承表甲、乙、丙、丁、戊之間的關係，丁、戊是兄弟，他們的父親 B 君與甲、乙、丙四人是兄弟姊妹，但 B 君早逝，而丁、戊是繼承祖母的遺產，甲、乙、丙三人是繼承母親的遺產，所以丁、戊是代位繼承，因此戊的應繼分不是五分之一，而是八分之一，所以張三不知道繼承關係，至於萬一還有遺囑分配或有

176

無其它協議或歸扣，扣還等問題，那就更複雜了。

　　綜上所述，法拍物件，有關公同共有的物件，最好不要投標，因為拍定人只取得債務人之法定應繼分之公同共有權利而不是所有權，由於公同共有「一分之一」常被誤認是持分全，而使投標人損失慘重，現在法院實務上允許債權人依民法第 242 條（債權人之代位權）代位債務人依民法第 1151 條（遺產之公同共有）民法第 1164 條（遺產分割之自由及其限制）請求分割遺產變更公同共有成為分別共有。

區分所有建築物、建築物之基地、建築物之專有部分分離出賣

案例

張三投資不動產以南部農業土地為主業，對耕地（一般農業區、特定農業區、山坡地保育區、森林區）非常專業，但最近到臺北想到投資住宅，可是臺北的高房價，很難下手。最近在「透明房訊」法拍網站看到臺北菁華地區有 12 層大樓的 6 樓建物被拍賣，拍定價居然只有每坪新臺幣 15 萬元，顯然只有行情價的三分之一。他詳細參考法拍筆錄的地政資料，才發現該法拍物件只拍賣建物，但無

拍賣土地的持分。

另有一法拍物件只拍賣法拍屋的土地持分，建物無拍賣，價錢居然市價的四分之一，假如張三買到這兩種物件如何處理？

解析

　　這兩種在法拍物件相當稀少，但利潤高，而且相對複雜。先看只拍賣建物，但無拍賣土地的部分。依民法物權編施行法第8條之5，第5項及第6項規定：區分所有建築物之專有部分，依第2項規定有分離出賣之情形，其基地之所有人無專有部分者，有依相同條件優先承買之權利。前項情形，有數人表示優先承買時，以抽籤定之，但另有約定者，從其約定。

　　只拍賣基地，無拍賣建物，依民法物權編施行法第8條之5，第3項及第4項規定：區分所有建築物之基地，依前項規定有分離出賣之情形時，其專有部分之所有人無基地應有部分或應有部分不足者，於按其專有部分面積比例計算其基地之應有部分範圍內，有依相同條件優先承買之權利，其權利並優先於其他共有人。前項情形有數人表示優先承買時，應按專有部分比例買受之。但另有約定者，從其約定。

因此張三不管標購哪一種物件，兩者銀行分無法貸款。要標購以上兩種情形的投標人資金一定要雄厚。但利潤非常好。

張三的好友李四在15年前標購臺北市信義區基隆路上的大樓的某樓約400坪「只有建物，但無土地」，是新大樓，得標價非常便宜。他出租給洗腎中心，租金高，一般承租人只在乎建物使用權利範圍，有無土地並不注意，當然李四也要付地租給基地所有權人，假如雙方協議不成，訴請法院判決地租金額，實務上地租價金偏低對承租人李四比較有利，因此要標「只有建物，無土地」時，建議物件愈新愈好，樓層愈高，如此收建物租金高，相反付地租低。

至於只標購「只有土地，無建物」剛好相反，法拍物件，房屋愈舊愈好，樓層愈低愈好，換言之，老房屋比較容易都更、改建，土地持分愈多，愈有利潤空間。

如何將公同共有變成分別共有？

案例

甲、乙、丙、丁四人是兄弟姊妹，母親早已往生，父親剛死亡，四個繼承人對父親遺留一間不動產因意見不合，丁拒絕蓋章，因此不動產現登記為甲、乙、丙、丁公同共有

各一分之一。因為公同共有，甲、乙、丙、丁彼此互相無法買賣，各共有人的一分之一也無法賣給第三人，但可依土地法第 34 條之 1，將全部不動產出賣第三人（土地法第 34 條之 1 執行要點第 10 條第 11 款：土地或建物之全部或應有部分為公同共有，部分公同共有人依本法條規定出賣該共有物全部或應有部分時，他公同共有人得就該公同共有物主張優先購買權，如有數人主張時，其優先購買權之範圍按各主張優先購買權人之潛在應有部分比例計算之。請問甲、乙、丙同意蓋章，但在丁拒絕蓋章情況下，如何將公同共有變成分別共有？

解析

一般將公同共有變更為分別共有有三種方式：

1. 重新送件到地政事務所，但丁要蓋章。

2. 甲、乙、丙、丁任一共有人到不動產糾紛調處委員會申請調處變更共有型態，以前比較簡單，對造人兩次合法送達未到，不動產糾紛調處委員會，會逕予調處，當事人不服調處結果者，應於接到調處結果通知後，15 日內訴請法院審理，並應於起訴之日起 3 日內將訴狀繕本送地政局，地政局收到起訴狀繕本後，函轉地政事務所，

但 104 年 5 月 5 日開始，調處變更共有型態有更嚴格規定，就是要求全體共有人參加及同意為前提，所以本案丁不可能同意，所以現在調處比以前更困難。

3. 訴請法院請求變更共有型態：依民法第 1151 條（遺產之公同共有）繼承人有數人時，在分割遺產前，各繼承人對於遺產全部為公同共有。及民法第 1164 條（遺產分割之自由及其限制）繼承人得隨時請求分割遺產。但法律另有規定或契約另有訂定者，不在此限。

土地法第 104 條及民法第 426 條之 2

案例

張三好友李四原是小學同學，畢業以後，張三搬到臺北數十年，從事不動產生意，最近五年投資法拍屋以公寓、華廈、大樓為主，賺了不少錢，好友李四住到南部鄉下，空氣新鮮，人情味很濃，而且生活步調不像臺北緊張繁忙，張三考慮是否到南部買一塊地，退休後，當過快樂農夫，享受田園之樂，於是開始參考「透明房訊」法拍資訊，有關於土地的法拍公告，法拍筆錄載明「被拍賣土地上有一建物未在查封拍賣範圍內，除有民法第 426 條之 2 或土地

法第104條外，地上物占有土地權源，請投標人自行查明」。
換言之，只拍賣土地，但地上物無拍賣，請問何謂土地法
第 104 條及民法第 426 條之 2 ？

解析

1. 無權占有：假如張三依法標購土地，地上物所有人王五
   無任何合法權占有張三土地，此時張三可訴請法院拆屋
   還地。依民法第 767 條（所有權人之物上請求權），民
   法第 184 條第 1 項（一般侵權行為之要件及效果）及民
   法第 179 條（不當得利之要件及效果）。

2. 有權占有：依土地法第 104 條第 1 項規定：「1.基地出
   賣時，地上權人、典權人或承租人有依同樣條件優先購
   買之權。房屋出賣時，基地所有權人有依同樣條件優先
   購買之權。其順序以登記之先後定之。2.前項優先購買
   權人，於接到出賣通知後十日內不表示者，其優先權視
   為放棄。出賣人未通知優先購買權人而與第三人訂立買
   賣契約者，其契約不得對抗優先購買權人。」

依民法第 426 條之 2（基地租賃之優先承買權及其效力）：

1. 租用基地建築房屋，出租人出賣基地時，承租人有依同
   樣條件優先承買之權。承租人出賣房屋時，基地所有人

有依同樣條件優先承買之權。

2. 前項情形，出賣人應將出賣條件以書面通知優先承買權人。優先承買權人於通知達到後十日內未以書面表示承買者，視為放棄。

3. 出賣人未以書面通知優先承買權人而為所有權之移轉登記者，不得對抗優先承買權人。

如地上物王五有權占有張三土地，張三只能請求地租。但地租偏低。

袋地所有人之通行權、通行權人之開路權、通行權之限制

案例

張三原在臺北經商，經數十年之努力，事業有成，體力也慢慢變差，而且子女皆長大，他想退休回臺南鄉下老家買一塊土地，種菜、養雞，享受田園之樂，於是他參考「透明房訊」法拍屋資訊，找到一塊風景漂亮、交通便利的土地，面積大小適中、價錢便宜，於是他就親自到法拍土地現場觀察，感覺還不錯，就決定到臺南地院投標，也幸運得標，並於 7 日之內繳清尾款，領取權利移轉證書，並申

請地政事務所鑑界，確認自己標購土地的正確位置，鑑界結果，張三的土地離馬路還有一段距離，此種土地法律叫作袋地，請問張三如何處理袋地所有人通行權？

解析

　　請注意標購土地要確認都市計畫圖、建物街道圖及土地位置圖，因為法院民執處是「指界點交」，書記官點交給拍定人張三只是大概位置，鑑界才是最正確的。假如標到袋地，請參考民法第787條（袋地所有人之通行權）：

1. 土地因與公路無適宜之聯絡，致不能為通常使用時，除因土地所有人之任意行為所生者外，土地所有人得通行周圍地以至公路；

2. 前項情形，有通行權人應於通行必要之範圍內，擇其周圍地損害最少之處所及方法為之；對於通行地因此所受之損害，並應支付償金；

3. 第七百七十九條第四項規定，於前項情形準用之。

民法第788條（通行權人之開路權）：

1. 有通行權人於必要時，得開設道路。但對於通行地因此所受之損害，應支付償金；

2.前項情形，如致通行地損害過鉅者，通行地所有人得請
　求有通行權人以相當之價額購買通行地及因此形成之畸
　零地，其價額由當事人協議定之；不能協議者，得請求
　法院以判決定之。

民法第 789 條（通行權之限制）：

1.因土地一部之讓與或分割，而與公路無適宜之聯絡，致
　不能為通常使用者，土地所有人因至公路，僅得通行受
　讓人或讓與人或他分割人之所有地。數宗土地同屬於一
　人所有，讓與其一部或同時分別讓與數人，而與公路無
　適宜之聯絡，致不能為通常使用者，亦同。
2.前項情形，有通行權人，無須支付償金。

　　因此張三可依民法第 787 條、第 788 條、第 789 條，主張
自己的權利。請注意民法第 789 條（通行權之限制），投標人
在投標前一定要到地政事務所申請該筆地號土地異動索引，假
如符合民法第 789 條規定，拍定人僅得通行受讓人或讓與人或
他分割人之所有地至公路，拍定人不能通行第三人的周圍地至
公路，除非第三人同意，但拍定人可能要支付第三人鉅額償金，
此點要特別小心。以前在臺南有一位資深法拍投資客，專門標購
便宜的袋地再利用民法第 787 條及民法第 788 條，通行周圍地

至公路,讓自己的袋地價錢翻倍,所謂黃土變黃金。但某次標到符合民法第 789 條時,因無路可出,第三人的周圍地要求的價金又是天價,此時資深法拍投資客標購的袋地變成死地,損失慘重,得不償失,真是賠了夫人又折兵。

建築物的通行權

案例

張三住在新北市泰山區,年輕時畢業明志工專,所以喜歡附近環境,他參考「透明房訊」法拍資訊找出法拍物件,剛好看到他的母校(現改為明志科技大學)旁有一棟四層樓的二樓被拍賣,他親自去了解現場,發現此建物進出很奇怪,3 樓及 4 樓有獨立進出樓梯,但要進入二樓必須由一樓的大門進出。他本來想放棄,但價錢實在很便宜,而且生活機能很好,所以他決定標購。

當日他到新北(板橋)地方法院民執處投標室現場,發現沒有人與他競標,他就用底價加陸仟圓正順利低價得標,於 7 日內繳清尾款,並領取不動產權利移轉證書後聲請法院民執處點交,法院解除二樓債務人占有交付拍定人。

事後因進入二樓都要通過一樓住戶李小姐的大門，從一樓住戶屋內室內樓梯上二樓，一樓李小姐每天對陌生男人從她家日夜進出，於是在往二樓樓梯口堆放雜物，不讓張三上下樓，還更換一樓大門門鎖，請問張三該怎麼辦？

解析

張三訴請法院解決通行問題，法官現場履勘，發現一樓及二樓都有獨立建號，而且一樓的大門及屋內樓梯是張三唯一的出入口，認定二樓房屋如同民法第 787 條、民法第 788 條的規定的「袋地」，一樓李小姐有容忍張三進出上下通行的義務，因此李小姐不得堵死樓梯，也不能任意更換一樓門鎖妨害張三進出權利。建議張三與李小姐，最好張三將房屋出賣李小姐或李小姐將房屋出賣張三，將一樓與二樓合而為一才是上策。

如何解決越界問題？

案例

張三投資法拍屋數年，經驗老到，有一天在「透明房訊」法拍資訊中找到一件相當便宜，但筆錄載明「該建物越界鄰地約 20 公分，請投標人自行處理」，請問張三如標到

此件法拍屋，該如何處理此越界建築問題？

解析

鄰地的地主李四，一般會請求拆屋還地，民法第 767 條，民法第 184 條第 1 項，及民法第 179 條。

假如張三得標建物為有權狀（含越界 20 公分），地主訴請法院拆屋還地成功率比較低，因為有權狀一定經過法定程序由主管機關核發建築執照及使用執照。但假如張三得標建物是違章建築，相反地，鄰地的地主李四訴請拆屋還地成功率比較高。

民法第 796 條（越界建築之效力）：

1. 土地所有人建築房屋非因故意或重大過失逾越地界者，鄰地所有人如知其越界而不即提出異議，不得請求移去或變更其房屋。但土地所有人對於鄰地因此所受之損害，應支付償金。

2. 前項情形，鄰地所有人得請求土地所有人，以相當之價額購買越界部分之土地及因此形成之畸零地，其價額由當事人協議定之；不能協議者，得請求法院以判決定之。

民法第 796 條之 1（越界建築房屋之效力）：

1. 土地所有人建築房屋逾越地界，鄰地所有人請求移去或

變更時，法院得斟酌公共利益及當事人利益，免為全部
或一部之移去或變更。但土地所有人故意逾越地界者，
不適用之。

2. 前條第一項但書及第二項規定，於前項情形準用之。

民法第796條之2（越界建築房屋之效力）：「前二條規定，
於具有與房屋價值相當之其他建築物準用之。」

綜上所述，所謂越界建築的情形是指：

1. 越界建築人為土地所有人：其餘土地使用權人則是為準
   用或類推適用之問題。

2. 需逾越疆界者，僅為土地之一部分，如果是房子的全部
   建築在他人的土地，則不是越界建築，不得適用本條。

3. 越界者需為「房屋」方可。至於具有與房子價值相當的
   建築物，例如倉庫，立體停車場，根據新修訂的物權法，
   也可以準用。

4. 鄰地所有人「知」其越界，而不「即」提出異議。

5. 越界建築人須非為故意或重大過失的情形。

越界建築的處理方式：

1. 鄰地所有人知道有越界建築情形，而不即時提出異議，

阻止動工興修者，則事後不能請求移去或變更建物。

2. 以價額購買越界之土地，或支付償金處理。越界建築如能舉證證明鄰地所有人當初已經知道越界建築，而未阻止興建的話，事後鄰地所有人只能夠要求越界建築之人用相當價額購買越界占用的鄰地。如果協議不成，也可請求法院判決判定。

除此之外，根據新修正的民法規定，縱使將來越界建築土地所有人被認定為要移去或變更房屋的話，只要不是故意越界建築的情況下，也可以請求法院考量審酌公共利益，當事者的權益，請求裁量免為移去建物，而以價購或賠償的方式解決。

例如，請求法院考量逾越地界與鄰地法定空地的比率，容積率等情形，免為全部或一部之除去或變更，以顧及社會整體經濟利益。

因此假如張三標購建物有權狀，但因事後非故意將建物增建或擴建越界鄰地約 20 公分，鄰地地主李四可訴請拆屋還地，但就社會資源及公益角度，拆屋還地將造成房屋損壞，影響建物結構安全，若強要拆屋，即有民法第 148 條（權利濫用）可能，拆屋還地所生利益並不大，但破壞建物結構與其所生損失不符比例，李四除請求拆屋還地外，其實亦可要求拍定人張三支付合理買地或租地費用，較符合整體經濟利益。

建築物與土地之併付拍賣

案例

張三十年前到中國經商，但因經營不善，損失慘重，他放棄大陸的生意，回來臺中老家。為了清償負債，把家中一塊土地向金主李四借款新臺幣 1000 萬元，於民國 100 年被設定抵押權，但在民國 101 年好友王五拜託張三，將此塊土地借王五蓋違章工廠。

張三認為土地空閒不用也可惜，也同意王五蓋工廠，到了民國 104 年，張三到了清償債權人李四新臺幣 1000 萬元約定日期無法還款，抵押權人李四於強制執行程序中聲請法院將王五的工廠與張三的土地併付拍賣。此時王五非常生氣，向抵押權人李四抗議，他說：「欠錢是張三，我王五根本不是債務人。」請問法院為什麼會查封第三人王五（非債務人）的建物？

解析

依民法第 877 條：

1. 土地所有人於設定抵押權後，在抵押之土地上營造建築

物者，抵押權人於必要時，得於強制執行程序中聲請法院將其建築物與土地併付拍賣。但對於建築物之價金，無優先受清償之權。

2. 前項規定，於第八百六十六條第二項及第三項之情形，如抵押之不動產上，有該權利人或經其同意使用之人之建築物者，準用之。

　　法院是依民法第 877 條規定，張三的土地於 100 年被債權人李四設定抵押權後，於 101 年張三出借土地予王五興建工廠，因為設定日早於出借日，所以抵押權人李四於必要時，在強制執行程序中聲請法院將王五的工廠與張三土地併付拍賣。

　　在法院拍賣筆錄的拍賣價金（建物與土地分別標價，但是合併拍賣），拍定後分配價金，建物所有權人為王五非債務人張三所有，因此建物賣得價金歸王五所有。

　　建議在填寫投標單時，先把土地增值額沖掉後，其他加價金在建物上，拍定後，分配價金時，王五可以分配較高價金。當然王五因非債務人，所以在拍賣程序中，王五如勢在必得，也可以參加競標，加價在建物上，分配價金時，建物賣得價金又歸王五所有。

土地所有人合法終止地上權的條件

案例

張三是資深土地投資客，但法拍經驗不長，張三的好友李四專門投資法拍土地，尤其是別人不敢投資被設定地上權的土地，因為地上權很複雜，在法拍市場常常流標，甚至第4拍也乏人問津，張三再三考慮此類型土地，因為利潤很高，當然風險相對也大，此時張三應該注意哪些有關地上權的困難點？

解析

能否終止地上權是投資的重點。

（一）依民法第 836 條：地上權之終止（積欠地租）：

1. 地上權人積欠地租達二年之總額，除另有習慣外，土地所有人得定相當期限催告地上權人支付地租，如地上權人於期限內不為支付，土地所有人得終止地上權。地上權經設定抵押權者，並應同時將該催告之事實通知抵押權人。

2. 地租之約定經登記者，地上權讓與時，前地上權人積欠之地租應併同計算。受讓人就前地上權人積欠之地租，

應與讓與人連帶負清償責任。

3. 第一項終止，應向地上權人以意思表示為之。

(二)依民法第836條之3：地上權之終止（違反土地使用收益）：地上權人違反前條第一項規定（民法第836條之2：「地上權人應依設定之目的及約定之使用方法，為土地之使用收益；未約定使用方法者，應依土地之性質為之，並均應保持其得永續利用。前項約定之使用方法，非經登記，不得對抗第三人。」）經土地所有人阻止而仍繼續為之者，土地所有權人得終止地上權。地上權經設定抵押權者，並應同時將該阻止之事實通知抵押權人。

(三)地上權定有存續期間則因存續期間屆滿而消滅後，可以請地上權人協同辦理塗銷登記，或訴請法院塗銷登記或依土地登記規則第145條（他項權利塗銷登記之申請）。

(四)如果是屬於土地法第102條（地上權登記之聲請）：「租用基地建築房屋，應由出租人與承租人於契約訂立後二個月內，聲請該管直轄市或縣（市）地政機關為地上權之登記。」則可依土地法第103條規定所列各款情事之一：

1. 契約年限屆滿時；

2. 承租人以基地供違反法令之使用時；

3. 承租人轉租基地於他人時；

4. 承租人積欠租金額，除以擔保現金抵償外達二年以上時；

5. 承租人違反租賃契約時。

　　而主張終止基地租約，收回基地，並訴請塗銷已為地上權的登記。

（五）不動產先被金融機構（如銀行、農會）設定抵押權後，再被同一金融機構設定地上權，此種地上權，拍定人可以訴請法院塗銷地上權登記。因為地上權是用益物權，是以在他人土地之上下有建築物或其他工作物為目的而使用其土地之權。但金融機構是特許行業，銀行的營業項目中，並無興建營造之許可。所以當然銀行禁止在他人土地設定地上權。

（六）民法第 833 條之 1（未定期限地上權之存續期間及其終止）：「地上權未定有期限者，存續期間逾二十年或地上權成立之目的已不存在時，法院得因當事人之請求，斟酌地上權成立之目的、建築物或工作物之種類、性質及利用狀況等情形，定其存續期間或終止其地上權。」

　　綜上所述，張三如標購被設定地上權的土地，能合法終止地上權的物件再考慮投標，否則資金被套牢就損失慘重。

畸零地、法定空地、計畫道路、既成道路、私設道路

張三是不動產投資客，以前專門投資建築物，以小套房為主，但最近改投資標的，以土地為重點，請問投資土地有何風險？

解析

（一）畸零地：

畸零地指的是建築基地面積狹小或地界曲折的土地，面積狹小是指基地之長度與寬度未達法規規定之最小面積，或是基地為三角型，或基地界線與建築線之斜交角度不足 60 度或超過 120 度，都屬於畸零地。

畸零地是不可以單獨建築，除非與相鄰的土地協議調整地形，或合併使用，達到法律規定最小建築面積的寬度與深度後，才可以申請建築。但是如果該筆畸零地相鄰有其他尚未建築的土地時，就可以不必與該筆畸零地協議調整地形或合併使用，留給其相鄰的未建築土地合併使用即可。因此建議畸零地不能單獨建築，最好不要投標。

（二）建築物法定空地：

為了管制土地使用強度與密度，除了實施容積管制外，法律並規定基地面積與建築面積的比率關係，以維持基地內一定比率的空地面積，稱為「建蔽率管制」；所以基地面積扣除實際可供建築面積後的空地面積，就稱為「法定空地」。法定空地與建築面積所占之地面，一般由區分所有權人依比例共同持分，但是因為建築面積所占之地面通常屬於室內部分，無法約定專用，但是法定空地就可以約定專用了，因此在購買房屋時，應該看清楚基地內法定空地是否有約定專用情形，或是被人侵占使用或遭鄰地占用等狀況，才不會在未來發生糾紛。

法定空地的共有人可以單獨拋棄法定空地所有權嗎？物權為財產權，權利人原則上固得任意拋棄，但其權利如與他人利益有關時，自須加以限制，私有土地所有權拋棄，依土地法第 10 條第 2 項及土地登記規則第 143 條規定，於塗銷登記後，該土地應登記為國有土地，由國庫原始取得，土地上一切負擔即應歸於消滅。

而建築物法定空地，依建築法第 11 條規定，依屬建築基地之一部分，其於建築基地建築使用時，應留設一定比例面積之空地，旨在維護建築物便於日照、通風、採光及防火等，以增進建築物使用人之舒適、安全與衛生等公共利益。

故該法條第 3 項明定應留設之法定空地，負有「非依規定

不得分割，移轉，並不得重複使用」之使用負擔，從而所有權人應無從拋棄該空地所有權，而由國庫原始取得，進而免除該土地上原有之使用負擔，其所為之拋棄行為，乃屬違反建築法應保留空地以維護公同利益之規定及意旨，亦即民法第 148 條第 1 項所禁止之行為，牴觸權利濫用禁止原則，且有迂迴脫法行為之嫌，與上開建築法第 11 條之立法精神有悖（法務部 91 年 5 月 23 日法律字第 0910018530 號函參照）。

在法拍市場，法拍物件是老式 3 樓、4 樓建築，因為早期法規所謂「法定空地」可以獨立登記在第三人名下，例如建商、建商的股東或第三人為所有權人，他們因積欠債務，被債權人查封拍賣，而且土地使用分區可能是住宅區、商業區等，公告現值很高，常常讓投資客損失慘重。

例如某法拍土地約 100 坪，使用分區為住三，公告現值約每坪 60 萬，市價約每坪 100 萬以上，因此上開土地公告現值總價新臺幣 6000 萬，市價新臺幣 1 億。法拍拍賣底價公告為每坪新臺幣 30 萬，但公告未註明「法定空地」，許多投資客疏忽或不專業，認為比市價便宜很多，就用底價每坪新臺幣 30 萬，總價新臺幣 3000 萬得標。

市價新臺幣 1 億，得標價新臺幣 3000 萬，表面上賺了新臺幣 7000 萬，其實「法定空地」的行情約公告現值的百分之十左右，所以行情價約新臺幣 600 萬，得標價新臺幣 3000 萬是倒賠

新臺幣 2400 萬。建議投標前一定要現場仔細查看，並參考都市計畫圖、建物街道圖、土地位置圖等相關資料。

（三）都市計畫道路用地、既成道路及私設道路

1. 都市計畫道路用地：（地籍圖上有顯示，但尚未施工）

為已經都市計畫公告的道路，在都市計畫圖及地籍圖上均有標示，都市計畫道路用地使用分區為「道路用地」，一般在法拍市場，拍定人標購目的為容積移轉，或捐地節稅等用途，可以低價標購。

2. 既成道路：

一筆土地為不特定人和平、公然、繼續長期通行（民法第769 條參照）司法院釋字第 400 號解釋歸納，既成道路成立公用地役關係：

(1) 須為不特定之公眾通行所必要，而非僅為通行之便利或省時；

(2) 於公眾通行之初，土地所有權人並無阻止之情形；

(3) 須經歷之年代久遠而未曾中斷，所謂年代久遠雖不必限定其期間，但仍應以時日長久，一般人無復記憶其確實之起始，僅能知其梗概為必要。

關於既成道路，在建築法規上，各地方自治團體的建築管理自治條例，將其稱「現有巷道」。原則應依民法第 769 條及

同法第 770 條規定。既成道路只能當作通行使用，無投資價值。

3. 私設道路：

供公眾通行或公眾通行未達 20 年或供特定人士（如社區居民）通行之自行留設的私人道路，無論在都市計畫圖或地籍圖上都沒有標示，可能只有在建築執照中會有標示。在法拍屋市場，社區內的私設道路，價錢很便宜的話，可以投資，等到將來社區都更的時候，投資報酬率就很高了。

如何處理果園？

案例

張三約 60 歲左右，在臺北從事不動產買賣約 30 年，尤其最近 10 年投資法拍屋利潤豐富，錢包滿滿，許多同學好友退休到中南部買農地自行耕作，種蔬菜水果，享受田園之樂，有一天到南部剛好看到一果園種橘子，景觀好，旁邊又有清溪，所謂好山好水，好快樂。於是張三親自觀察地形及交通情形，特別是空氣非常新鮮，是鳥語花香的地方，張三決定標購此果園，也順利合理價金得標後，他馬上到現場履勘，發現果園中橘子皆八分熟，可以收成，心中非常高興，買了土地還送橘子，等於賺了一筆意外之財。

於是張三馬上依法聲請點交，請法院民執處依法交付果園
予得標人張三，請問張三如何處理成熟的橘子？

解析

　　法院拍賣之土地，其上有農作物或果樹，依民法第 66 條第
2 項規定：「不動產之出產物，尚未分離者，為該不動產之部分。」
所以有人在土地上種植農作物或樹木，該作物即成為土地構成部
分，於土地所有權移轉時，農作物及樹木當然視為土地之構成部
分而成繼受人所有。

　　但種植農作物或果樹等需加工付出勞力，假如地上農作物
已經成熟，原耕作人取得所有權。依辦理強制執行事件，應行注
意事項第 57 項第 3 款規定，拍賣之土地，其上如有農作物而未
併同估價拍賣者，執行法院得勸告拍定人與有收穫權人協議為相
當補償，如協議不成，該地上農作物又已達成熟階段，執行法院
應准許有收穫權人自行收成後，才點交得標人，但地上物為長期
性之農作物或果樹未成熟時，則該農作物或果樹均屬得標人。

　　因此得標人張三得標果園，但橘子皆成熟，此時法院會建
議張三補償金錢予原耕作人或等原耕作人收成橘子後，法院再點
交果園予得標人張三。

如何處理凶宅？

案例

張三是資深投資客，專門購買複雜的不動產，也收購許多凶宅，因為凶宅價金大約市價的七成以下，然後再創造投資者的利潤空間，張三將凶宅出賣給不忌諱凶宅的客人，例如菜市場殺雞、鴨的店家、寺廟、宗教團體、殯葬業（棺材店、禮儀公司）等，依現行法規，仲介公司要求出賣人填寫房屋現況說明書就「是否發生非自然死亡的情事」要出賣人誠實勾選，當然買受人也可詢問附近鄰居、社區管委會、里長辦公室及網路（凶宅網）供民眾查詢，但張三對法拍屋投資是新手，也不了解法拍屋市場中，凶宅認定標準為何？

解析

依內政部最新不動產現況說明書之版本明定：凶宅的認定是於產權「持有期間」是否曾經發生凶殺、自殺或其他非自然死亡之情形，當然產生肯定說及否定說，中古屋或預售屋的買受人對物有瑕疵擔保請求權，但法拍屋的拍定人對物之瑕疵無擔保請求權，因此造成許多投標人許多困擾。日前報導臺南某位單親媽

媽因標購法拍屋，卻發現法拍屋為凶宅，向銀行貸款竟連原聲請法拍之銀行也拒絕貸款，以致無力支付貸款而造成流標，因此民國 103 年 5 月 20 日立法院三讀通過，同年 6 月 4 日修正之強制執行法第 77 條第 1 項第 2 款，第 81 條第 1 項第 2 項第 1 款分別明定：「查封時，書記官應作成查封筆錄載明下列事項：……（二）不動產之所在地、種類、實際狀況、使用情形、現場調查所得之海砂屋、輻射屋、地震受創、嚴重漏水、火災受損、建物內有非自然死亡或其它足以影響交易之特殊情事及其應記明之事項。」及依 102 年 12 月 10 日施行之注意事項於查封筆錄載明。

依據社會上的買方觀念，凶宅對於標購意願及價格高低有重大影響，而執行法院就拍賣標的物之重大交易資訊，應誠實揭露，且為兼顧執行程序得以迅速進行，執行法院對於拍賣標的物是否曾發生凶殺或自殺之查證，原則上向警察機關查詢已足（參臺灣高院暨所屬法院 95 年法律座談會民執類提案第 9 號意見）。

法院拍賣雖然改進多一層誠實揭露於查封筆錄，且拍定人仍得以凶宅未誠實揭露而撤銷拍賣、恢復原狀、返還投標價金，但仍需於核發權利移轉證書前提出相關單位佐證文書，如已核發移轉證書者，則仍適用強制執行法第 113 條準用同法第 69 條規定：「拍賣物買受人就物之瑕疵無擔保請求權。」

換言之，此時拍定人既不能請求撤銷拍賣，買到法拍屋（凶宅）銀行也拒絕貸款，價格至少損失 3 成以上。請注意凶宅對

債權人請求拍賣不利，常會隱匿事實，部分債務人也會用凶宅之假消息，阻攔拍賣，更可能有假債務人透過法院拍賣當作出售凶宅的出場解套，透過法院拍賣除債權人陳報，否則難以調查。

得標後，權利移轉證書核發前之黃金期間約 10 天至 15 天，時間相當短，所以建議投標人張三在投標前一定要親自到法拍屋現場，拜訪樓上樓下、左右鄰居、該社區管委會的管理員、總幹事、主委、財委及里鄰長，確實打聽屋況，免得買到凶宅，又來不及在核發權利移轉證書前陳報法院，那真是賠了夫人又折兵，得不償失，損失慘重。

標到宮或廟如何處理？

案例

張三是老法拍投資客，但最近各地方法院拍賣的物件，拍定價相當高，利潤也相對低，但好友李四最近很神秘地標購兩件是「XX 宮」和「廟」，都是用第 4 拍底價加新臺幣 1 萬元就標到，事後再轉售，利潤相當好，可是張三對如何處理宮及廟內的神明安置問題及搬遷等事宜皆不了解，張三假如想標宮或寺廟要注意事項？

解析

執行點交時不動產內之動產，非強制執行範圍內之財產，應取去點交債務人或其家屬或其受僱人，若無人接受點交時，應將動產暫付保管，向債務人為限期領取之通知，債務人逾期不領取時，得拍賣之而提存其價金，或為其它適當之處置，為強制執行法第 100 條之規定，至於其拍賣方法應先期公告，無人應買時，債權人又不願意承受，將拍賣物返還債務人，但是寺廟內之祭祀、禮拜用品、神位及神像雖可得拍賣，可是依臺灣風俗習慣，必無人應買，此時執行法院宜經拍定人同意繳納費用後，將神位等送至寺廟安置，以待債務人或其家屬領取。

以上是法律的程序，實務上，建議以下四種方式來處理宮或廟的神明及神像等安置問題及搬遷事宜。首先神明不可怕，人看到錢才可怕，關鍵在「人」，所以在與廟方談判搬遷時，要找到能做主的，重點在搬遷費的多寡、給付方式、分配方式，人看到錢，見錢眼開，甚至異想天開。

（一）拜訪宮或廟附近里鄰長：

一般宮或廟在祭日時要舉行法會，需要交通管制，或善心活動，例如送米、油、泡麵等民生物品給當地弱勢團體及義診都需要當地里鄰長與公家機關溝通協調，因此里鄰長皆與宮或廟的主持或管理人熟識，透過他們，拍定人比較容易收集宮或廟的情報。

（二）與宮或廟的信徒交朋友：

與信徒先互相認識、了解、尊重、合作、態度誠懇、彼此交朋友，了解對方的宗教信仰，尊重對方的宗教，甚至加入他們的宗教，由交朋友進一步成為同道。找出與信徒合作的方法來達到將宮或廟搬遷之目的。

（三）直接與宮或廟的負責人或管理人或能作主的人溝通協調：

與負責人等談判的主題就是「錢」，鬼神不可怕，人看到錢最可怕，與人為善，和氣生財是常識，「和談」拜託盡力即可，因為關鍵在能戰才能和，能打才能談，能戰，能打才是重點，希望「化敵為友，化干戈為玉帛」的前提是雙方實力相當，因此與宮或廟負責人等談判絕對不可以示弱，應該要軟硬兼施，找出求同存異的最大公約數，就在自己搬家費預算內給付，請對方交付使用權予拍定人。

（四）利用當地民意代表當作溝通的橋梁：

許多政治人物如民意代表在競選時，為了選票常參加當地廟會活動，自然與宮或廟負責人等熟識，所謂見面三分情，利用民意代表溝通及協助，效果也不錯，當然事後一定要謝謝當地民意代表的幫忙。

總而言之，在法拍市場宮及廟一般人皆不敢投標，所以常在特拍（第4拍）才拍定，利潤空間相當大，但還是要特別小心溝通細節，所謂魔鬼藏在細節裡。

如何變賣共有物？

案例

張三是不動產投資客，近年來因奢侈稅及房地合一稅的影響，房地產的成交量大減，價錢也緩跌，利潤薄，風險也相對提高，但是他的好友李四卻老神在在，面不改色，繼續加碼在法拍屋的投資，於是他約李四到飯店喝茶，請教投資策略，李四也詳細地說明投資物件等專業知識，李四告訴張三最近投資物件集中在共有物持分，標購後再土地分割，時間約 1 年半左右，利潤約百分之二十。但要對土地法第 34 條之 1、民法第 823 條、第 824 條、第 824 條之 1 及第 826 條之 1 等要了解及活用才能賺錢。請問李四如何利用上述法條獲利？

解析

在法拍市場共有物的持分（例如二分之一或三分之一等）被拍賣，幾乎都低價拍定，但有三大缺點：

1.「持分」銀行無法貸款；

2.「持分」法院不點交；

3.「持分」拍定人無法使用不動產。

除非有民法第 820 條（共有物之管理）。假設張三標到不動產是建物的持分，其它共有人在合法送達 15 日內皆未行使優先購買權時，張三就改成該建物的共有人之一，此時可能有三種情形：

1. 張三的持分賣給他共有人；
2. 他共有人的持分賣給張三；
3. 張三請求分割共有物。

實務上第 3 種情形機會比較大。例如甲、乙、丙、丁各四分之一，共有建物，丁被 A 債權人查封拍賣，拍定人是張三，其它共有人甲、乙、丙三人合法送達 15 日內未行使優先購買權，換言之三人甲、乙、丙皆放棄，此時張三取代丁，成為該建物的共有人，此時共有結構為甲、乙、丙、張三各四分之一。

張三與甲、乙、丙三人之間協議買賣不成，張三依民法第 823 條，及民法第 824 條，但分割之方法不能協議決定，於是張三請求裁判分割，因為建物兩造如以原物分割方法，無法達到原來使用目的，張三請求變賣分割共有物的分割方法，由兩造分配價金。

張三拿到確定終局判決正本及判決確定證明書後，向執行地方法院民事執行處聲請變價拍賣，此時變賣共有物時，除買受人為共有人外，共有人有依相同條件優先承買之權，有二人以上

願優先承買者，以抽籤定之。

　　請注意變賣共有物時，是拍賣共有物全部，因此拍定價金是市價，然後再由甲、乙、丙、張三四人各四分之一，照持分比例分配價金，此價金比張三由法拍市場取得丁的四分之一的價金高出甚多，平均報酬率約百分之二十左右，目前在臺灣各行各業利潤皆不高，投資不動產的持分，由取得持分至變價拍賣分配價金約12個月至18個月左右，利潤相當穩定，是很好的投資工具，難怪張三的好友李四在法拍市場中專攻共有物的持分。

十、刑法篇

違背查封罪、損害債權罪

案例

債務人李四因好吃懶做，到處借錢，負債累累，欠錢不還，債權人聲請法院查封他的不動產，依法在李四大門口右側貼封條，他回家後，看到封條非常生氣，並借酒發瘋，把法院封條撕毀，李四由於失業很久，手頭很緊，想與親朋友好再借錢周轉，但是他言行不一，大家看到李四如瘟神一般，於是李四在房屋被查封中，但未被拍賣期間，任意破壞屋內水、電管道設施，並拆卸屋內值錢的裝潢，也售予傢俱中古商換取金錢，繼續吃喝玩樂，請問李四以上的行為有無犯法？

解析

債務人李四的房屋正在拍賣當中，在未拍定前，房屋的所有權還是李四的，但他犯下兩條罪：

1. 刑法第 139 條違背查封罪（應處一年以下有期徒刑，拘役或三百元以下罰金），李四非法將查封封條撕毀丟棄，明顯觸犯刑法第 139 條。

2. 接下來債務人又拆卸屋內裝潢，又犯刑法第 356 條損害債權罪（應處二年以下有期徒刑，拘役或五百元以下罰金）。

恐嚇罪、毀損罪

案例

債務人李四因負債累累，周轉不靈，房屋被法院查封，拍賣由拍定人張三得標，有人告訴李四，債務人可向得標人張三要求鉅額搬家費，如不給付，將破壞屋內裝潢及格局，此時拍定人張三於 7 日內繳清尾款並領取不動產權利移轉證書後，為了表示張三對李四最大誠意及善意，張三攜帶厚禮拜訪李四，由於雙方對搬家費認知差很多，李四甚至恐嚇得標人要叫黑道兄弟對張三全家不利，並且大罵張三瞎眼才敢買李四的房屋，而且揚言不付搬家費要破壞法拍屋現場，請問張三要如何處理？

解析

得標人張三遭債務人李四恐嚇，已不是單純民事問題，而兼含涉有刑法第 305 條恐嚇危害安全的罪嫌。（二年以下有期徒刑，拘役或三百元以下罰金。）拍定人張三得以「被害人」地位依法追訴債務人李四刑事責任，但為防債務人事後狡辯卸責，最好先備妥錄音設備，或請傳訊在場證人，俾資佐證以懲不法。

如債務人破壞屋內現場裝潢及格局，則應構成刑法第 354 條規定一般毀損罪（毀損器物罪：處二年以下有期徒刑，拘役或五百元以下罰金），所以得標人在標得房屋應隨時注意房屋現況，尤其在第一次法院履勘時，務必要積極蒐證，至於遭破壞則得依法追訴將不法之徒繩之以法，以保證得標人合法權益。

竊佔罪

案例

張三依法標購座落臺北市中山區林森北路小套房，法院依法解除債務人李四占有，將使用權交付得標人，但突然有第三人王五表示他也占有小套房，卻根本提不出任何合法權源而獅子大開口要鉅額搬家費，請問張三要如何處理？

解析

如第三人王五與債務人李四並無租約，亦無「使用借貸」關係，也無「以債抵租」或「以押金抵租」等合法權源，更無親屬朋友輔助占有，經請教左鄰右舍、樓下樓上及管委會得知，第三人王五利用債務人李四被法院強制點交後，而私自開鎖進入屋內，此行為是非法占有，依刑法第 320 條第 2 項竊佔罪。（意圖為自己或第三人不法之利益，而竊佔他人之不動產者，依前項之規定處斷。處五年以下有期徒刑、拘役或五百元以下罰金。）所以建議張三得標後先以存證信函告知第三人王五，希望第三人能自動搬遷，否則後果王五自行負責。

毀損器物罪、侵入住居罪、竊盜罪

案例

張三以前皆投資預售屋，但最近房地產景氣翻轉，許多人皆被建商斷頭，所以他請教法拍專家的意見，他們建議初學者最好先買「空屋」點交物件，才不會被海蟑螂恐嚇取財，於是最近看「透明房訊」法拍資訊，找到一件法拍空屋，地點適中、交通便利、價錢便宜，而且幸運低價得標，

於 7 日內繳清尾款，並領取不動產權利移轉證書後，到現場查看，的確是空屋，裡面有一些舊家具及衣服等。

張三請教樓上樓下、左鄰右舍及管委會，他們皆說現住人很久未見，應該早搬走了，於是張三請鎖匠將門打開後，的確人去樓空，他順便請搬家公司將屋內舊家具等以廢棄物處理，並請鎖匠更換新的門鎖，拒絕他人進入屋內，才放心離去。

不料事隔多日，張三接到地檢署刑事傳票，才知道被原法拍屋屋主即債務人控告張三：刑法第 354 條（毀損器物罪）、刑法第 306 條（侵入住居罪）、刑法第 320 條第 1 項（竊盜罪），請問張三應如何處理？

解析

　　法院有關不動產之拍賣，並未採強制占有不動產，於拍賣後直接交付拍定人，不動產被法院查封後，僅限制債務人之處分權，並不影響債務人自住、出租、繼續占有不動產，因此查封時，如無人在場，法院亦不停止查封，僅實務上法院命令債權人查詢屋內占用之情形，再陳報法院，由法院決定公告上註明「點交」

或「不點交」。

假如「點交」物件，則得標人聲請點交，由事務官、書記官、執達員等解除債務人或第三人占有，交付使用權予得標人。但在法院未執行點交程序前，不論原債務人或第三人等其繼續占有不動產乃屬於有權占有，任何人（含拍定人）均不得侵害其權利，因此得標人在點交前絕對不可以用非法方式，先行占用房屋，更換門鎖。本案張三在領取不動產權利移轉證書後，更換門鎖，並不構成毀損罪，因為門鎖附著於門上，而門也成為房屋之從物。

換言之，得標人已擁有該法拍屋的所有權，當然也包含門上的鎖頭，張三破壞自己的財產並沒有刑法毀損罪。但無故侵入住宅就有風險，刑法第 306 條（侵入住居罪）：「無故侵入他人住宅、建築物或附連圍繞之土地或船艦者，處一年以下有期徒刑、拘役或三百元以下罰金。無故隱匿其內，或受退去之要求而仍留滯者，亦同。」

在法拍屋案件中，如拍定人尚未點交前即進入拍定建物，而債務人只是出國或遠行，並不是曠廢無人之空屋，是屬於有人居住之建物，則構成本罪。建議雖然是空屋，拍定人張三千萬不要貪一時之快，最好依法聲請點交，由法院認定空屋而交付使用權予拍定人才是上策。至於刑法第 320 條第 1 項竊盜罪：「意圖為自己或第三人不法之所有，而竊取他人之動產者，為竊盜罪，處五年以下有期徒刑、拘役或五百元以下罰金。」

原屋主（即債務人）或第三人常告得標人在未點交前，趁其不在家，私自開鎖而竊取屋內現金或值錢物品，請注意現今法拍實務，法院拍賣不動產並未將屋內動產併付拍賣，換言之債務人遺留在屋內所有的動產，除非債務人同意以廢棄物由拍定人自行處理外，任何人絕對不可占為己有，否則易犯刑法第 320 條竊盜罪。

一般法院在處理屋內遺留物有其標準流程：

1. 通知債務人限期內取回；

2. 如未取回現場遺留物，法院將依強制執行法第 100 條第 2 項，進行，分類造冊、拍照、估價及拍賣等作業。

強制罪

案例

張三標購「不點交」的法拍屋價金新臺幣 3000 萬元，雖然比市價便宜很多，但是無法聲請法院強制點交，而且銀行也無法貸款，因此資金周轉比較辛苦，尤其拜訪現住人李四，要求他搬家，對方居然獅子大開口要搬家費新臺幣 200 萬元，否則打死不搬家。

張三愈想愈氣，請教律師有關法律問題，律師建議要打「遷讓房屋」官司，費用有律師費、裁判費、執行費及假執行擔保金。拍定價新臺幣 3000 萬，假執行擔保金為新臺幣 1000 萬元，訴訟時間約 2 年，張三得知還要多付額外費用，遠超過自己的預算，心中非常生氣，但也無計可施。有一天晚上經過自己得標的房屋，看見屋內燈光明亮，自己卻被擋在外面，心中突出一計，他想去將法拍屋斷水斷電，或趁現住人李四外出，而將門鎖換掉，妨害李四進出，逼李四搬家，請問拍定人張三有無觸法之風險？

解析

刑法第 304 條之強制罪（以強暴、脅迫使人行無義務之事或妨害人行使權利者，處三年以下有期徒刑、拘役或三百元以下罰金）。

現住人或債務人的大門門鎖被得標人惡意換掉，妨害原屋主或占用人進出，且未經現住人同意而任意斷水斷電，顯然妨害現住人對此民生設施正常行使之權利。

換鎖及逕以斷水斷電，以達現住人自動搬遷，可能涉犯刑法第 304 條強制罪，建議依民法及談判同步進行，化敵為友，化干戈為玉帛才是上策。

■■ 拍定後，法拍屋現場遭破壞，具狀法院書狀

民事陳報狀				
案號	年度　　字第　　號		承辦股別	
訴訟標的金額或價額	新臺幣		元	
稱謂	姓名或名稱	依序填寫：國民身分證統一編號或營利事業統一編號、性別、出生年月日、職業、住居所、就業處所、公務所、事務所或營業所、郵遞區號、電話、傳真、電子郵件位址、指定送達代收人及其送達處所。		
陳報人（債權人或拍定人）	○○○	國民身分證統一編號（或營利事業統一編號）： 性別：男／女　　出生年月日： 住居所或營業所及電話： 送達代收人姓名、處所：		
相對人即債務人	○○○	國民身分證統一編號（或營利事業統一編號）： 性別：男／女　　出生年月日： 住居所或營業所及電話： 送達代收人姓名、處所：		
陳報主旨：債務人或現住人破壞或拆卸法拍屋現場設備。 　　　鈞院強制點交法拍屋給買受人，發現現場已遭非法毀壞或拆卸重要設備，例如固定物……等。依法拍定之不動產已屬買受人所有，凡附著於建物之全部設備，均為拍賣效力所及，債務人或使用人不得拆卸或毀壞，如有上開行為，將構成刑法之毀損罪責。 　　　在第一次履勘，買受人依現況拍照存證，與點交之際拍照比對，明顯遭人惡意毀損及拆卸。毀損現場並且再度拍照存證，以供　鈞院及地檢署檢察官偵查參考之用。 　　　謹狀 臺灣○○法院民事執行處　　　　　　公鑒				
證物名稱及件數				
中　華　民　國　　　　　　　年　　　　月　　　　日 　　　　　　　　　　　　具狀人○○○　　　簽名蓋章 　　　　　　　　　　　　撰狀人○○○　　　簽名蓋章				

十一、費用篇

管理費

案例

張三投資法拍屋數年,常為前手債務人李四積欠大樓管理費煩惱,民國 100 年初他標購一棟 12 樓電梯的 3 樓,債務人李四積欠 3 萬元的管理費,管委會的主委要拍定人張三一定要繳清李四的欠款 3 萬元,否則管委會不給張三大樓大門及電梯的磁卡,及不代收張三的掛號信等,張三與管委會爭吵近半個月,又找里鄰長協調。最後為了和氣生財,敦親睦鄰,張三心不甘情不願勉強繳清 3 萬元,請問張三有無替前手債務人李四繳清積欠大樓管理費的義務?

解析

　　拍定人張三自取得不動產權利移轉證書之日即取得房屋之所有權,成為新區分所有權人,依(公寓大廈管理條例)第 10 條第 2 項及第 24 條第 1 項規定開始繳納管理費。

拍定人是否要替債務人繳清積欠管理費，有下列2種情形：

（一）如法院拍賣公告有註明：

1. 拍定人應繼受執行債務人所積欠大樓管理費；
2. 依民法第826-1第3項規定，此時拍定人當然得繳清前手積欠管理費。拍賣公告註明之事項視為買賣契約內容之一部分，拍定人當然受此拘束。

（二）如法院拍賣公告無註明，拍定人不必替前手債務人繳清管理費。依「公寓大廈管理條例疑義」指出，除非新的區分所有權人已參照民法第300條或民法第301條規定，訂定債務承擔契約，願為原區分所有權人（即債務人）代為清償所積欠管理費外，應依公寓大廈管理條例第21條規定辦理，不得逕向新區分所有權人（即拍定人）請求繳納。

▉ 電費、水費、瓦斯費

案例

張三標購法拍屋前手債務人常積欠電費、水電、瓦斯費，而上述公司例如臺電等皆是獨占事業，不繳清欠款，皆斷水、斷電、斷瓦斯，請問張三如何處理這些費用？

解析

（一）電費原則分2種：

1. 一般用電（表燈用電）：含一般家庭用電及營業用電，以耗電力為原則，債務人積欠一般家庭用電及營業用電電費，拍定人皆不用代繳，但斷電「3年內」重新申請電表費用新臺幣3300元，「逾3年」除了申請電表費新臺幣3300元外，還要請乙、丙級水電行重新畫屋內電路圖的費用。

2. 電力用電（耗電力大的用電戶，如工廠等）：電請電力公司現場評估復電手續及費用，如要重新畫室內電路圖必須甲級水電行才可以。請注意拍定人要申請時，一定要附上法院核發不動產權利移轉證書予電力公司。

（二）水費：

債務人積欠水費拍定人不用代繳，但重新申請依口徑不同約新臺幣2000元至新臺幣2700元，也要附上不動產權利移轉證書。

（三）瓦斯費可分成兩種：

1. 瓦斯表不在但管線在，復表約新臺幣300至600元。

2. 瓦斯表不在管線也不在，復瓦斯以新臺幣10000元起跳。

債務人積欠瓦斯費，請拍定人與瓦斯公司談判，並附上不動產權利移轉證書。

十二、稅費篇

增值稅

案例

張三以前專門在投資中古屋，他喜歡在年初買入物件，然後再以最快速度最低成本裝修天花板、地板、牆壁使房屋煥然一新，趕在當年年底之前，出售賺取差額，而且免繳增值稅，但是最近投入法拍屋市場，在 103 年年初標到一物件，價錢非常便宜，他和以前一樣趕在 103 年年底賣出，但在過戶時，稅捐處要張三補繳增值稅新臺幣 36 萬，張三問中古屋及法拍屋的增值稅計算方式有何不同？

解析

　　法院拍賣法拍屋，原則自拍定人拍定價金扣繳至稅捐稽徵處依（稅捐稽徵法）第 6 條第 2 項規定：「土地增值稅、地價稅、房屋稅之徵收及法院、行政執行處執行拍賣或變賣貨物應課徵之營業稅，優先於一切債權及抵押權。」

　　由執行法院扣繳土地增值稅後，才可以分配給抵押債權人及普通債權人，但土地稅法第51條第2款有例外規定：「經法院拍賣之土地，依第三十條第一項第五款但書規定審訂之移轉現值核定其土地增值稅者，如拍定價額不足扣繳土地增值稅時，拍賣法院應俟拍定人代為繳清差額後，再行發給權利移轉證書。」

　　而其代繳後，得向原所有權人再為求償。拍定人自法院拍賣土地取得所有權後再移轉時，再移轉計算土地增值稅原地價之前次移轉現值，以拍定日當期公告土地現值為準，但拍定價額低於當期公告土地現值者，以拍定價額為準。

　　拍定價額高於移轉當期公告土地現值者，應以公告土地現值作為原地價（即前次移轉現值），如再移轉當期公告土地現值，未超過拍定日當期公告土地現值，免徵土地增值稅，拍定價額低於移轉當期公告土地現值者，按拍定價額與移轉當期公告土地現值差額計徵土地增值稅，並按一般稅率（20%、30%、40%）累進課徵或按自用住宅優惠稅率（10%）課徵。

　　舉例說明：當期公告土地現值（300萬）－拍定價額（200萬）＝100萬，拍定人當年馬上出售要繳土地增值稅。如當期公告土地現值（200萬）－拍定價額（300萬）＝-100萬，拍定人當年馬上出售免繳土地增值稅。因為法院投標時，土地價金與建物價金分別標價，但是合併拍賣，所以一般在寫投標書時，為了節稅，建物價金先寫底價，加價部分全加在土地。

地價稅

張三於 100 年 4 月自臺北地方法院民事執行處標購債務人李四所有臺北市中山區 A 段○○○平方公尺，張三於同年 5 月 4 日領取臺北地方法院核發不動產權利移轉證書，向稅捐處辦理查欠稅手續時，債務人李四有欠繳 98 年、99 年 2 期地價稅，請問拍定人是否要繳納李四所欠繳 98 年、99 年地價稅？

解析

依稅捐稽徵法第 6 條第 2 項規定，地價稅優先於一切債權及抵押權，因此張三拍定人不必繳納李四所積欠地價稅，該欠款依法由稅捐處向法院聲請參與分配，但張三領取權利移轉證書日是 100 年 5 月 4 日，是地價稅納稅基準日 8 月 31 日前，所以 100 年度地價稅應由拍定人張三繳納。

附註：拍定人應承擔拍定日到權利移轉證書取得前之地價稅。

房屋稅

案例

張三於 100 年 10 月 18 日收到臺北地方法院拍賣取得債務人李四所有臺北市中山區合江街四層公寓及其頂樓加蓋之違章建築房屋的不動產權利移轉證書，前手債務人積欠房屋稅，張三要如何處理？

解析

原納稅義務人（債務人李四）欠繳房屋稅，拍定人張三不必繳納，拍定人張三自領得法院發給之不動產權利移轉證書之日起，取得該屋所有權，依房屋稅條例規定自該日起，拍定人張三即應負擔房屋稅，同時依法規定不論合法房屋或違章建築都應課徵房屋稅，因此債務人李四所有之四樓及頂樓違建仍應課房屋稅，拍定人應負擔之房屋稅。

自 100 年 11 月起算之房屋稅，另外房屋稅係按使用情形認定及適用不同稅率。附註：拍定人應承擔拍定日到權利移轉證書取得前之房屋稅。

契稅

案例

張三向臺北地院標購臺北市中山區房屋一棟，建物拍定價格新臺幣 200 萬元，經查該房屋稅捐處評定標準價格為新臺幣 150 萬元，張三申報契稅時，應以何種價格申報？

解析

　　法院發給之不動產權利移轉證書，並非印花課稅之公定契紙，不必貼印花，法院拍賣因其價格既經法院認定，故拍定人可選拍定價格或房屋評定標準價格，從低核課契稅，因此拍定人張三可以選擇較低之房屋評定標準價格新臺幣 150 萬元作為申報之標準。

工程受益費

案例

張三投標法拍屋，前手債務人李四如有欠繳已開徵之工程受益費，拍定人有無代繳之義務？

解析

（一）對於原所有權人即債務人李四欠繳「已開徵」之工程受益費，拍定人張三應繳清後，才可辦理所有權移轉登記。

（二）對於原所有權人李四欠繳「已公告」，「尚未開徵」之工程受益費：拍定人張三應出具承諾書，表示願於開徵時繳納該項「未開徵」之工程受益費，或提前將該「已公告尚未開徵」之工程受益費全部繳清，才能辦理所有權移轉登記。另依土地稅法第 31 條第 1 項第 2 款規定，拍定人張三已繳納之工程受益費於以後再行出售土地時，得自土地漲價總額中扣除，拍定人張三要注意，免得權利受損。實務上在全省法拍物件百分之捌拾，皆免繳工程受益費。

營業稅

案例

張三去地方法院標購法拍屋，執行債務人是○○公司，請問○○公司的不動產被拍賣，產生營業稅誰要支付？

227

解析

　　依稅捐稽徵法第 6 條：「稅捐之徵收，優先於普通債權。土地增值稅、地價稅、房屋稅之徵收及法院、行政執行處執行拍賣或變賣貨物應課徵之營業稅，優先於一切債權及抵押權。經法院、行政執行處執行拍賣或交債權人承受之土地、房屋及貨物，執行法院或行政執行處應於拍定或承受五日內，將拍定或承受價額通知當地主管稅捐稽徵機關，依法核課土地增值稅、地價稅、房屋稅及營業稅，並由執行法院或行政執行處代為扣繳。」因此如張三標購公司的不動產，營業稅是由拍賣價金中執行地方法院代為扣繳，和得標人張三無關。

房地合一稅

　　以取得時間畫分：

（一）2014 年以前取得→舊制；

（二）2014 ～ 16 年間取得，2016 年前出售→舊制；

（三）2014 ～ 16 年間取得，2016 年後出售，且持有未滿兩年
　　　→新制；

（四）2014 ～ 16 年間取得，2016 年後出售，且持有兩年以上
　　　→舊制。

（五）2016 年以後取得→新制

舊制（隔年度併入個人所得）

· 核實課稅＝拆算建物部分的資本利得

· 現值標準認定＝房屋評定現值×各區所得標準

新制—房地合一（分離課稅）

· 所得＝出售價－買進價－費用－土地漲價總數額

· 土地漲價總數額＝本次移轉現值－（前次移轉現值×物
  價指數變動率）

· 房地合一稅可重購退稅，全額或比例退稅

· 申報時機：辦竣移轉登記後 30 日內

· 繼承取得，持有期間得與被繼承人合併計算

　　一，個人支付房地取得、改良及移轉費用，因未提示相關單
據，可以按成交價額推計的比率由 5% 調降為 3%，並增訂上限金
額為新臺幣 30 萬元，所得人實際支付的費用如超過該金額，須
妥善保留相關單據（如發票等）於申報時提供稽徵機關核實認定。

二，房地合一稅 2.0 改革 6 大重點

（圖片來源：財政部網站 https://www.mof.gov.tw/houseandland）

三，「中央銀行對金融機構辦理不動產抵押貸款業務規定」修正重點說明

貸款項目		貸款條件	
		修正前	修正後
公司法人	第 1 戶購置住宅貸款	6 成，無寬限期	4 成，無寬限期
	第 2 戶以上購置住宅貸款	5 成，無寬限期	4 成，無寬限期
自然人	第 3 戶購屋貸款	6 成，無寬限期	5.5 成，無寬限期
	第 4 戶以上購屋貸款	（同第 3 戶，未另規定）	5 成，無寬限期
	購置高價住宅貸款	6 成，無寬限期	·無房貸或已有 2 戶以下房貸者：5.5 成，無寬限期 ·已有 3 戶以上房貸者：4 成，無寬限期
購地貸款		·6.5 成，保留 1 成動工款 ·檢附具體興建計畫	維持不變
餘屋貸款		5 成	維持不變
工業區閒置土地抵押貸款		銀行自律規範	5.5 成*

（圖片來源：中華民國中央銀行全球資訊網：https://www.cbc.gov.tw/tw/mp-1.html）

四，實價登錄 2.0（2021 年 7 月 1 日上路）

地號門牌完整揭露	揭露完整詳細的地號及門牌資訊，並溯及已揭露案件。
預售屋全面納管、即時申報	銷售前，應將建案資訊及定型化契約報請縣市政府備查；應在簽約買賣契約日起 30 日內申報交易價格等資訊。
增訂查核權及加重屢不改正罰責	縣市政府得要求查閱相關文件或說明，疑有不實申報登錄價格的案件，亦可由內政部向相關機關或金融機構查閱有關文件。查有不實，按戶(棟)處 3 至 15 萬元罰鍰，經 2 次處罰仍未改正者，可加重按處 30 至 100 萬元罰鍰。
紅單交易納管	收受定金時，應訂定書面契據並確立標的物及價金等事項，且不得約定有保留出售、保留簽約的權利，也不得轉售予第三人。違反規定，按戶（棟）處 15 至 100 萬元罰鍰。
預售屋買賣定型化契約管理	銷售預售屋者在銷售前應將買賣定型化契約報請地方政府備查；契約如違反「預售屋買賣定型化契約應記載及不得記載事項」，可按戶（棟）處 6 至 30 萬元罰鍰。

（文字來源：中華民國內政部地政司網站 https://www.land.moi.gov.tw/chhtml/index）

十三、補充篇

法拍叮嚀

法拍屋有不少的陷阱,就算標場的老投資客一不小心都會住進套房,或是花了幾年的時間,才取得房屋,所以投標之前必須先做好功課,有不清楚或有疑慮的房屋,就不要貿然進場,下面列舉一些比較常見的案例,提供大家作為參考:

1. 增值稅:

當你取得的土地價錢比公告現值低時,得標後若要再轉賣,將產生增值稅。所以事先核計增值額是必要的,這樣可以計算成本,進而達到節稅的功能。

2. 查封不完整:

常見有頂樓加蓋或是地下室或是增建範圍未在查封拍賣範圍,自然法院也不點交,那麼縱使拍到房子,但有部分不點交,造成無法使用的風險,所以進場前務必事先做好調查,事前溝通,避免不必要的困擾。

3. 凶宅、危樓:

辛辛苦苦一輩子就想買一個屬於自己的家,自然不想買到

不能住的房子，但是法拍屋法院不負瑕疵擔保責任，所以事前調查清楚，避免事後後悔，是非常重要的事。例如輻射屋、海砂屋、危樓（黃標、紅標）凶宅等，都必須一一查清楚。

4. 占用狀況不明：

有些法拍屋縱然法院公告點交，但是屋主早已搬離，卻由兄弟占住，就算法院來點交，也住的不安心，甚至不敢搬進去。另外還包括獨居老人及殘障人士，這些都必須由社會局安排住所，自然完成點交的程序會比較慢，所以查清楚占用人是誰，是非常重要的。

5. 法院筆錄載明「不點交」：

「不點交」的法拍屋，固然有其難處，但投標前利用各種管道仔細調查清楚，拍定後聲請閱卷都是非常重要的，不僅可了解現住人之名字、身分證字號、送達住址、占有情形（是否為單獨占有或集體占有）如要打民、刑事官司，確定被告是很重要的。一但告錯對象，將面臨「誣告」之風險，反遭被告提訴，因此不得不慎重為之。

6. 避免標價誤寫：

法拍屋投標以總價為準，常常看到欲投標 299 萬誤寫成 399 萬，得標後欲哭無淚，所以價位寫好後，請他人代為檢查無誤後，始投入標櫃。

7. 兄弟圍標：

士林法院、金拍屋都發生過投標現場來了五十幾位兄弟圍標，金拍屋甚至請來大安分局來蒐證，最後得標者在刑事組的保護下才敢離開投標室，當然這個案子點交就非常麻煩，所以碰到這種案子，還是問清楚避免麻煩。

8. 基地不完整：

曾經發生標的物是透天房屋，有一半建物座落在道路用地上，結果得標後才發現，所以只要是一樓或是透天厝，一定要調閱地籍圖及套繪圖，藉以了解標的物是否完整及是否被占用。

9. 土地持分不足：

例如基地上有四戶，但是持分只有八分之一，明顯少了八分之一的持分，得標後還要跟土地所有權人承租土地，所以標價不能跟正常案子比，必須加上後續之土地購買成本。

10. 廢標：

最為常見是未帶身分證，或是本票未背書。

11. 高額搬家費：

有時得標後有人假藉屋主名義，威脅要破壞房屋，索取高額搬家費，這時切記法院履勘時，室內要拍照存證，然後耐心等待法院點交，如果房屋被破壞，當事人須負民、刑事責任。

標購拍賣屋成本一覽表

類別 / 名稱	費率	徵收單位
投標價金	＊分階段付保證金及尾款 ＊法拍屋／金拍屋：投標時須預付投標金額二成 ＊銀拍屋／銀售屋：視各銀行規定 ＊向 AMC 承購：預付三成	法院或銀行
稅金 契稅、印花稅	＊契稅：按「房屋現值」6% 課徵 ＊印花稅：（法拍屋免徵） 土地按土地公告現值千分之一， 建物按房屋現值（契價）千分之一。	稅捐處
地政登記規費	土地：依持分計算申報地價後，按千分之一計收。 建物：按房屋現值千分之一計收 土地權狀費一張 80 元 建物權狀費一張 80 元	地政處
銀行設定抵押權登記規費 （有辦房貸者需替銀行負擔）	按設定金額千分之一計收	地政處
代書	土地過戶：單筆 5000 元 建物過戶：單筆 5000 元 抵押設定：3000 元	代書事務所
代標費（委託代標業者）	按拍賣底價 3%〜5% 計收	代標業者
搬遷費	金額約為當地 2 個月房租行情，介於 2〜5 萬不等。	原住戶或占用

參考透明房訊, 民生報

各種拍賣屋之比較

項目	法拍屋	金拍屋	銀拍屋	鑽石屋
定義	債權人或抵押權人聲請各地方法院，民事執行處拍賣之不動產。	地方法院委託臺灣金融資產服務公司辦理拍賣變賣之不動產	經銀行聲請強制執行拍賣之抵押不動產，若無人投標應買，則由銀行承受後，自行銷售。	銀行打銷呆帳等不良債權賣給資產管理公司再釋出公開拍賣的不動產
拍賣機構	各地方法院民事執行處	地方法院委託臺灣金融資產服務公司辦理	各銀行	各資產管理公司以書面契約方式委託臺灣金融資產服務公司拍賣
拍賣方式	彌封投標	彌封投標	競相喊價	彌封投標
投標底價之訂定方式	由法官參酌估價師事務所（鑑價公司）之估價報告書後訂定	臺灣金融資產服務公司評價處的估價師審核並建議合理底價再由拍賣處訂定	各銀行自行決定	設置五人以上之不動產拍賣底價評定委員會決議受託拍賣不動產底價
投標保證金	投標底價之10%～30%一般為20%（台中法院為30%）	投標底價之10%～30%一般為20%	依各銀行之規定	依各資產管理公司之規定
點交方式	各地方法院民事執行處命行點交（須遞點交狀）	各地方法院民事執行處命行點交（須遞點交狀）	所有權為各銀行，可配合點交。	需由買受人自行處理

項目	法拍屋	金拍屋	銀拍屋	鑽石屋
購屋資金準備	得標後必須在七日內，向法院繳交全數屋款（尾款）。	得標後必須在七日內，向法院繳交全數屋款（尾款）。	繳交屋款期限較長且有彈性民眾如何向該銀行承貸則需準備的資金即為全數屋款與貸款額度之差額	得標人得於公告所定期限內繳足價金或採分期給付價金
法源依據	強制執行法	強制執行法、金融機構合併法	一般不動產交易法令	財政部發布的「公證第三人認可及其公開拍賣程序辦法」
拍賣資訊公布管道	各地方法院網站及其公布欄、日報皆有其公告之訊息，資訊透明。	臺北地院網站及其公布欄、金服公司網站及其拍賣場公布欄、日報皆有其公告之訊息，資訊透明。	經由各銀行網站獲得部分資訊，資訊較不完整。	可經由臺灣金服網站及其拍賣場公布欄、全國性日報皆有其公告之訊息，資訊非常透明。
貸款服務	由買受人自行與金融機構洽談	由買受人自行與金融機構洽談	拍賣銀行通常會提供周邊的貸款服務	無
標的物所有權	債務人、抵押人	抵押人	各銀行	債務人

（參考民生報 92.2.11）

後語

撰寫這本書時，剛好照顧母親的越傭脫逃，母親已93歲了，有失智的現象，自己親自照顧很辛苦，古人說的好：「擁有金山銀山，輸給身體健康。」雖然金錢不是萬能，但沒有金錢卻是萬萬不能。以前只要勤勞就能致富，現在各行各業競爭很厲害，每一種行業都要專精才能生存，換言之正確的商業模式，才是賺錢之道。

不動產買賣能低價取得，法拍屋市場算是最佳管道之一，但一般人都會對未知有所恐懼，法拍屋就存在許多的未知數，在它事前法拍屋資訊取得，及事後能否確實擁有「使用權」或海蟑螂及不理性的債務人打死不搬家更可能破壞法拍屋內部裝潢及格局為威脅，並要求鉅額的搬家費等難解的問題，以及相關法律知識，如民法、刑法、土地法、土地登記規則、強制執行法等都要了解。

本書從法拍屋被查封開始，接下來的找尋資訊，如何看法拍屋，投標注意事項，所有權（有權狀、違章建築），使用權即法拍屋的交屋（點交物件、不點交物件），特殊物件、刑法要件、法拍屋相關的稅費及費用，約有70個實際案例的法拍屋故事來分析解讀法拍屋的利害關係，讓初學者能深入淺出，先求了解筆者在法拍屋市場多年的親身經驗，學習如何解決法拍屋的各種疑

難雜症。

　　坦白說，28 年前初進入法拍屋市場，當時並沒有專門的法拍屋教科書，我和大家一樣，也繳過不少學費，全部靠自己邊學邊做，不懂的地方，馬上請教法官、律師、書記官、警界及前輩，而且不恥下問，才累積一些經驗，靠這些寶貴的經驗，也得到甜美的成功果實。

　　富貴險中求的道理很簡單，風險存在，利潤才存在，關鍵在於如何把風險降到最低。風險管控的方法，參加教育訓練，學習成功者寶貴實務，才是王道，免得自己瞎子摸象，白白浪費時間與金錢。

　　筆者年輕時在成功嶺的大專軍事教育訓練，教育班長常說：「平時多流汗，戰時少流血。」教育訓練目的在戰爭中減少浪費寶貴的生命，其實在商業競爭（法拍屋市場）也是同樣道理。筆者鼓勵各位讀者，平時就要參加相關不動產教育訓練，增加實戰經驗，所謂「好的開始，是成功的一半。」本書不僅提供法拍屋基本理論，也提供實務案例供各位讀者參考，如果可以讓剛入門的新手少繳百萬的學費，能利用法拍的專業知識，在不動產投資中牟取最高利益。

附錄

A. 有關法拍屋相關法律

●民法第 425 條（買賣不破租賃－出租人讓與租賃物之效力）

I 出租人於租賃物交付後，承租人占有中，縱將其所有權讓與第三人，其租賃契約，對於受讓人仍繼續存在。

II 前項規定，於未經公證之不動產租賃契約，其期限逾五年或未定期限者，不適用之。

●民法第 425 條之 1（土地及其土地上之房屋所有人相異時，租賃關係之推定）

I 土地及其土地上之房屋同屬一人所有，而僅將土地或僅將房屋所有權讓與他人，或將土地及房屋同時或先後讓與相異之人時，土地受讓人或房屋受讓人與讓與人間或房屋受讓人與土地受讓人間，推定在房屋得使用期限內，有租賃關係。其期限不受第四百四十九條第一項規定之限制。

II 前項情形，其租金數額當事人不能協議時，得請求法院定之。

●民法第 787 條（袋地所有人之通行權）

I 土地因與公路無適宜之聯絡，致不能為通常使用時，除因土地所有人之任意行為所生者外，土地所有人得通行周圍地以至公路。

II 前項情形，有通行權人應於通行必要之範圍內，擇其周圍地損害最少之處所及方法為之；對於通行地因此所受之損害，應支付償金。III 第七百七十九條第四項規定，於前項情形準用之。

●民法第 788 條（通行權人之開路權）

I 有通行權人於必要時，得開設道路。但對於通行地因此所受之損害，應支付償金。

II 前項情形，如致通行地損害過鉅者，通行地所有人得請求有通行權人以相當之價額購買通行地及因此形成之畸零地，其價額由當事人協議定之；不能協議者，得請求法院以判決定之。

●**民法第 789 條（通行權之限制）**

I 因土地一部之讓與或分割，而與公路無適宜之聯絡，致不能為通常使用者，土地所有人因至公路，僅得通行受讓人或讓與人或他分割人之所有地。

II 數宗土地同屬於一人所有，讓與其一部或同時分別讓與數人，而與公路無適宜之聯絡，致不能為通常使用者，亦同。

III 前項情形，有通行權人，無須支付償金。

●**民法第 796 條（越界建築之效力）**

I 土地所有人建築房屋非因故意或重大過失逾越地界者，鄰地所有人如知其越界而不即提出異議，不得請求移去或變更其房屋。但土地所有人對於鄰地因此所受之損害，應支付償金。

II 前項情形，鄰地所有人得請求土地所有人，以相當之價額購買越界部分之土地及因此形成之畸零地，其價額由當事人協議定之；不能協議者，得請求法院以判決定之。

●**民法第 796 條之 1（鄰地所有人移去或變更之請求）**

I 土地所有人建築房屋逾越地界，鄰地所有人請求移去或變更時，法院得斟酌公共利益及當事人利益，免為全部或一部之移去或變更。但土地所有人故意逾越地界者，不適用之。

II 前條第一項但書及第二項規定，於前項情形準用之。

●**民法第 796 條之 2（其他建築物越界之準用）**

前二條規定，於具有與房屋價值相當之其他建築物準用之。

●**民法第 817 條（分別共有）**

I 數人按其應有部分，對於一物有所有權者，為共有人。

II 各共有人之應有部分不明者，推定其為均等。

●**民法第 818 條（共有物之使用收益）**

各共有人，除契約另有約定外，按其應有部分，對於共有物之全部，有使用收益之權。

●民法第 819 條（應有部分及共有物之處分）

I 各共有人，得自由處分其應有部分。

II 共有物之處分、變更、及設定負擔，應得共有人全體之同意。

●土地法第 34 條之 1（共有不動產之處分）

I 共有土地或建築改良物，其處分、變更及設定地上權、農育權、不動產役權或典權，應以共有人過半數及其應有部分合計過半數之同意行之。但其應有部分合計逾三分之二者，其人數不予計算。

II 共有人依前項規定為處分、變更或設定負擔時，應事先以書面通知他共有人；其不能以書面通知者，應公告之。

III 第一項共有人，對於他共有人應得之對價或補償，負連帶清償責任。於為權利變更登記時，並應提出他共有人已為受領或為其提存之證明。其因而取得不動產物權者，應代他共有人申請登記。

IV 共有人出賣其應有部分時，他共有人得以同一價格共同或單獨優先承購。

V 前四項規定，於公同共有準用之。

VI 依法得分割之共有土地或建築改良物，共有人不能自行協議分割者，任何共有人得申請該管直轄市、縣（市）地政機關調處，不服調處者，應於接到調處通知後十五日內向司法機關訴請處理，屆期不起訴者，依原調處結果辦理之。

●民法第 820 條（共有物之管理）

I 共有物之管理，除契約另有約定外，應以共有人過半數及其應有部分合計過半數之同意行之。但其應有部分合計逾三分之二者，其人數不予計算。

II 依前項規定之管理顯失公平者，不同意之共有人得聲請法院以裁定變更之。

III 前二項所定之管理，因情事變更難以繼續時，法院得因任何共有人之聲請，以裁定變更之。

IV 共有人依第一項規定為管理之決定，有故意或重大過失，致共有人受損害者，對不同意之共有人連帶負賠償責任。

V 共有物之簡易修繕及其他保存行為，得由各共有人單獨為之。

●民法第 821 條（共有物請求權之行使）

各共有人對於第三人，得就共有物之全部為本於所有權之請求。但回復共有物之請求，僅得為共有人全體之利益為之。

●民法第 822 條（共有物費用之分擔）

I 共有物之管理費及其他負擔，除契約另有約定外，應由各共有人按其應有部分分擔之。

II 共有人中之一人，就共有物之負擔為支付，而逾其所應分擔之部分者，對於其他共有人得按其各應分擔之部分，請求償還。

●民法第 823 條（共有物分割之請求及其限制）

I 各共有人，除法令另有規定外，得隨時請求分割共有物。但因物之使用目的不能分割或契約訂有不分割之期限者，不在此限。

II 前項約定不分割之期限，不得逾五年；逾五年者，縮短為五年。但共有之不動產，其契約訂有管理之約定時，約定不分割之期限，不得逾三十年；逾三十年者，縮短為三十年。

III 前項情形，如有重大事由，共有人仍得隨時請求分割。

●民法第 824 條（共有物分割之方法）

I 共有物之分割，依共有人協議之方法行之。

II 分割之方法不能協議決定，或於協議決定後因消滅時效完成經共有人拒絕履行者，法院得因任何共有人之請求，命為下列之分配：

一、以原物分配於各共有人。但各共有人均受原物之分配顯有困難者，得將原物分配於部分共有人。

二、原物分配顯有困難時，得變賣共有物，以價金分配於各共有人；或以原物之一部分配於各共有人，他部分變賣，以價金分配於各共有人。

III 以原物為分配時，如共有人中有未受分配，或不能按其應有部分受分配者，得以金錢補償之。

IV 以原物為分配時，因共有人之利益或其他必要情形，得就共有物之一部分仍維持共有。

V 共有人相同之數不動產，除法令另有規定外，共有人得請求合併分割。

VI 共有人部分相同之相鄰數不動產，各該不動產均具應有部分之共有人，經各不動產應有部分過半數共有人之同意，得適用前項規定，請求合併分割。但法院認合併分割為不適當者，仍分別分割之。

VII 變賣共有物時，除買受人為共有人外，共有人有依相同條件優先承買之權，有二人以上願優先承買者，以抽籤定之。

●民法第 824 條之 1（共有物分割之效力）

I 共有人自共有物分割之效力發生時起，取得分得部分之所有權。

II 應有部分有抵押權或質權者，其權利不因共有物之分割而受影響。但有下列情形之一者，其權利移存於抵押人或出質人所分得之部分：

一、權利人同意分割。

二、權利人已參加共有物分割訴訟。

三、權利人經共有人告知訴訟而未參加。

III 前項但書情形，於以價金分配或以金錢補償者，準用第八百八十一條第一項、第二項或第八百九十九條第一項規定。

IV 前條第三項之情形，如為不動產分割者，應受補償之共有人，就其補償金額，對於補償義務人所分得之不動產，有抵押權。

V 前項抵押權應於辦理共有物分割登記時，一併登記，其次序優先於第二項但書之抵押權。

●民法第 826 條之 1（共有物之管理或協議分割契約之效力）

I 不動產共有人間關於共有物使用、管理、分割或禁止分割之約定或依第八百二十條第一項規定所為之決定，於登記後，對於應有部分之受讓人或取得物權之人，具有效力。其由法院裁定所定之管理，經登記後，亦同。

II 動產共有人間就共有物為前項之約定、決定或法院所為之裁定，對於應有部分之受讓人或取得物權之人，以受讓或取得時知悉其情事或可得而知者為限，亦具有效力。

III 共有物應有部分讓與時，受讓人對讓與人就共有物因使用、管理或其他情形所生之負擔連帶負清償責任。

●民法第 827 條（公同共有之成立）

I 依法律規定、習慣或法律行為，成一公同關係之數人，基於其公同關係，而共有一物者，為公同共有人。

II 前項依法律行為成立之公同關係，以有法律規定或習慣者為限。

III 各公同共有人之權利，及於公同共有物之全部。

●民法第 828 條（公同共有人之權利義務關係）

I 公同共有人之權利義務，依其公同關係所由成立之法律、法律行為或習慣定

之。

II 第八百二十條、第八百二十一條及第八百二十六條之一規定，於公同共有準用之。

III 公同共有物之處分及其他之權利行使，除法律另有規定外，應得公同共有人全體之同意。

●民法第 829 條（公同共有物分割之限制）

公同關係存續中，各公同共有人，不得請求分割其公同共有物。

●民法第 830 條（公同共有關係之消滅）

I 公同共有之關係，自公同關係終止，或因公同共有物之讓與而消滅。

II 公同共有物之分割，除法律另有規定外，準用關於共有物分割之規定。

●民法第 831 條（準共有與準公同共有）

本節規定，於所有權以外之財產權，由數人共有或公同共有者準用之。

●民法第 838 條之 1（法定地上權）

I 土地及其土地上之建築物，同屬於一人所有，因強制執行之拍賣，其土地與建築物之拍定人各異時，視為已有地上權之設定，其地租、期間及範圍由當事人協議定之；不能協議者，得請求法院以判決定之。其僅以土地或建築物為拍賣時，亦同。

II 前項地上權，因建築物之滅失而消滅。

●民法第 876 條（法定地上權）

I 設定抵押權時，土地及其土地上之建築物，同屬於一人所有，而僅以土地或僅以建築物為抵押者，於抵押物拍賣時，視為已有地上權之設定，其地租、期間及範圍由當事人協議定之。不能協議者，得聲請法院以判決定之。

II 設定抵押權時，土地及其土地上之建築物，同屬於一人所有，而以土地及建築物為抵押者，如經拍賣，其土地與建築物之拍定人各異時，適用前項之規定。

●民法第 877 條（建築物與土地之併付拍賣）

I 土地所有人於設定抵押權後，在抵押之土地上營造建築物者，抵押權人於必

要時，得於強制執行程序中聲請法院將其建築物與土地併付拍賣。但對於建築物之價金，無優先受清償之權。

II 前項規定，於第八百六十六條第二項及第三項之情形，如抵押之不動產上，有該權利人或經其同意使用之人之建築物者，準用之。

●民法第 877 條之 1（抵押物存在必要權利併付拍賣）

以建築物設定抵押權者，於法院拍賣抵押物時，其抵押物存在所必要之權利得讓與者，應併付拍賣。但抵押權人對於該權利賣得之價金，無優先受清償之權。

●農業發展條例第 16 條

I 每宗耕地分割後每人所有面積未達‧二五公頃者，不得分割。但有下列情形之一者，不在此限：

一、因購置毗鄰耕地而與其耕地合併者，得為分割合併；同一所有權人之二宗以上毗鄰耕地，土地宗數未增加者，得為分割合併。

二、部分依法變更為非耕地使用者，其依法變更部分及共有分管之未變更部分，得為分割。

三、本條例中華民國八十九年一月四日修正施行後所繼承之耕地，得分割為單獨所有。

四、本條例中華民國八十九年一月四日修正施行前之共有耕地，得分割為單獨所有。

五、耕地三七五租約，租佃雙方協議以分割方式終止租約者，得分割為租佃雙方單獨所有。

六、非農地重畫地區，變更為農水路使用者。

七、其他因執行土地政策、農業政策或配合國家重大建設之需要，經中央目的事業主管機關專案核准者，得為分割。

II 前項第三款及第四款所定共有耕地，辦理分割為單獨所有者，應先取得共有人之協議或法院確定判決，其分割後之宗數，不得超過共有人人數。

【補充】區分所有建築物移轉或設定負擔之例外及優先承買權。

●民法物權編施行法第 8 條之 5

同一區分所有建築物之區分所有人間為使其共有部分或基地之應有部分符合修

正之民法第七百九十九條第四項規定之比例而為移轉者，不受修正之民法同條第五項規定之限制。

民法物權編修正施行前，區分所有建築物之專有部分與其所屬之共有部分及其基地之權利，已分屬不同一人所有或已分別設定負擔者，其物權之移轉或設定負擔，不受修正之民法第七百九十九條第五項規定之限制。

區分所有建築物之基地，依前項規定有分離出賣之情形時，其專有部分之所有人無基地應有部分或應有部分不足者，於按其專有部分面積比例計算其基地之應有部分範圍內，有依相同條件優先承買之權利，其權利並優先於其他共有人。

前項情形，有數人表示優先承買時，應按專有部分比例買受之。但另有約定者，從其約定。

區分所有建築物之專有部分，依第二項規定有分離出賣之情形時，其基地之所有人無專有部分者，有依相同條件優先承買之權利。

前項情形，有數人表示優先承買時，以抽籤定之。但另有約定者，從其約定。

區分所有建築物之基地或專有部分之所有人依第三項或第五項規定出賣基地或專有部分時，應在該建築物之公告處或其他相當處所公告五日。優先承買權人不於最後公告日起十五日內表示優先承買者，視為拋棄其優先承買權。

●增訂理由（98.1.23）

（一）關於區分所有建築物之共有部分及基地，各區分所有人應有部分比例究為若干，本法第七百九十九條增訂第四項已有原則性之規範惟對於實務上區分所有建築物之共有部分或基地，區分所有人之應有部分與該項規定不一致者，亦僅有單獨移轉其共有部分予其他區分所有人之情形，為符實際需求，爰增訂第一項。又本項所稱「移轉」包括同一區分所有人自行調整其區分所有建築物之共有部分在內，併予指明。

（二）本法第七百九十九條增訂第五項明定區分所有建築物之專有部分與其所屬之共有部分及其基地之權利，不得分離為移轉或設定負擔。但於民法物權編

修正施行前，區分所有建築物之所有人已為處分而分屬不同一人所有或已分別設定負擔者，仍得分離而為移轉或設定其他負擔，不受該項之限制，爰增訂第二項。

何謂優先購買權？誰有「優先購買權」？

一、優先購買權（承買權）：係指於該土地或房屋出賣與第三人時，使其具有依同樣條件優先於第三人取得其所有權。
二、具有優先購買權之人，依性質不同歸類如下：

法規	條文	性質	內容
土地法	§34-1IV	債權	共有人出賣其應有部分時，他共有人得以同一價格共同或單獨優先承購。
	§104	物權	1、（房對地）基地出賣時，地上權人、典權人或承租人有依同樣條件優先購買之權。 2、（地對屋）房屋出賣時，基地所有權人有依同樣條件優先購買之權。 3、（1；2發生競合）其順序以登記之先後定之。 4、（視為放棄）優先購買權人，於接到出賣通知後十日內不表示者，其優先權視為放棄。 5、（效力）出賣人未通知優先購買權人而與第三人訂立買賣契約者，其契約不得對抗優先購買權人。
	§107	物權	出租人出賣或出典耕地時，承租人有依同樣條件優先承買或承典之權。 （準用三七五減租條例§15規定：出租人應將賣典條件以書面通知承租人，承租人在十五日內未以書面表示承受者，視為放棄。）

民法	§426-2	物權	租用基地建築房屋,出租人出賣基地時,承租人有依同樣條件優先承買之權。承租人出賣房屋時,基地所有人有依同樣條件優先承買之權。
	物權編施行法	物權	第8條之5(修正前區分所有建築物規定之適用) 1、區分所有建築物之基地或專有部分,分離出賣,如何行使優先購買權? 2、公告處所?及優先購買權人於接到出賣通知10日或15日內不表示者,其優先購買權視為放棄?
農地重畫條例	§5		重畫區內耕地出售時,其優先購買權之次序如下:
		物權	1、出租耕地之承租人。
		債權	2、共有土地現耕之他共有人。
			3、毗連耕地之現耕所有權人。

B. 強制執行法

第一章總則

第 1 條
民事強制執行事務，於地方法院及其分院設民事執行處辦理之。

強制執行應依公平合理之原則，兼顧債權人、債務人及其他利害關係人權益，以適當之方法為之，不得逾達成執行目的之必要限度。

第 2 條
民事執行處置法官或司法事務官、書記官及執達員，辦理執行事務。

第 3 條
強制執行事件，由法官或司法事務官命書記官督同執達員辦理之。

本法所規定由法官辦理之事項，除拘提、管收外，均得由司法事務官辦理之。

第 3-1 條
執行人員於執行職務時，遇有抗拒者，得用強制力實施之。但不得逾必要之程度。

實施強制執行時，為防止抗拒或遇有其他必要之情形者，得請警察或有關機關協助。

前項情形，警察或有關機關有協助之義務。

第 4 條
強制執行，依左列執行名義為之：

一、確定之終局判決。

二、假扣押、假處分、假執行之裁判及其他依民事訴訟法得為強制執行之裁判。

三、依民事訴訟法成立之和解或調解。

四、依公證法規定得為強制執行之公證書。

五、抵押權人或質權人，為拍賣抵押物或質物之聲請，經法院為許可強制執行之裁定者。

六、其他依法律之規定，得為強制執行名義者。

執行名義附有條件、期限或須債權人提供擔保者，於條件成就、期限屆至或供擔保後，始得開始強制執行。

執行名義有對待給付者，以債權人已為給付或已提出給付後，始得開始強制執行。

第 4-1 條

依外國法院確定判決聲請強制執行者，以該判決無民事訴訟法第四百零二條各款情形之一，並經中華民國法院以判決宣示許可其執行者為限，得為強制執行。

前項請求許可執行之訴，由債務人住所地之法院管轄。債務人於中華民國無住所者，由執行標的物所在地或應為執行行為地之法院管轄。

第 4-2 條

執行名義為確定終局判決者，除當事人外，對於左列之人亦有效力：

一、訴訟係屬後為當事人之繼受人及為當事人或其繼受人占有請求之標的物者。

二、為他人而為原告或被告者之該他人及訴訟繫屬後為該他人之繼受人，及為該他人或其繼受人占有請求之標的物者。

前項規定，於第四條第一項第二款至第六款規定之執行名義，準用之。

第 5 條

債權人聲請強制執行，應以書狀表明左列各款事項，提出於執行法院為之：

一、當事人及法定代理人。

二、請求實現之權利。

書狀內宜記載執行之標的物、應為之執行行為或本法所定其他事項。

強制執行開始後，債務人死亡者，得續行強制執行。

債務人死亡，有左列情形之一者，執行法院得依債權人或利害關係人聲請，選任特別代理人，但有遺囑執行人或遺產管理人者，不在此限：

一、繼承人有無不明者。

二、繼承人所在不明者。

三、繼承人是否承認繼承不明者。

四、繼承人因故不能管理遺產者。

第 5-1 條

債權人聲請強制執行之執行名義係命債務人分期給付者，於各期履行期屆至時，執行法院得經債權人之聲請，繼續執行之。

第 5-2 條

有執行名義之債權人依民法第一百五十一條規定，自行拘束債務人之自由或押收其財產，而聲請法院處理者，依本法規定有關執行程序辦理之。

前項情形，如債權人尚未聲請強制執行者，視為強制執行之聲請。

第 6 條

債權人聲請強制執行，應依左列規定，提出證明文件：

一、依第四條第一項第一款聲請者，應提出判決正本並判決確定證明書或各審級之判決正本。

二、依第四條第一項第二款聲請者，應提出裁判正本。

三、依第四條第一項第三款聲請者，應提出筆錄正本。

四、依第四條第一項第四款聲請者，應提出公證書。

五、依第四條第一項第五款聲請者，應提出債權及抵押權或質權之證明文件及裁定正本。

六、依第四條第一項第六款聲請者，應提出得為強制執行名義之證明文件。

前項證明文件，未經提出者，執行法院應調閱卷宗。但受聲請之法院非係原第一審法院時，不在此限。

第 7 條

強制執行由應執行之標的物所在地或應為執行行為地之法院管轄。

應執行之標的物所在地或應為執行行為地不明者，由債務人之住、居所、公務所、事務所、營業所所在地之法院管轄。

同一強制執行，數法院有管轄權者，債權人得向其中一法院聲請。

受理強制執行事件之法院，須在他法院管轄區內為執行行為時，應囑託該他法院為之。

第 8 條

關於強制執行事項及範圍發生疑義時，執行法院應調閱卷宗。

前項卷宗,如為他法院所需用時,應自作繕本或節本,或囑託他法院移送繕本或節本。

第 9 條

開始強制執行前,除因調查關於強制執行之法定要件或執行之標的物認為必要者外,無庸傳訊當事人。

第 10 條

實施強制執行時,經債權人同意者,執行法院得延緩執行。

前項延緩執行之期限不得逾三個月。債權人聲請續行執行而再同意延緩執行者,以一次為限。每次延緩期間屆滿後,債權人經執行法院通知而不於十日內聲請續行執行者,視為撤回其強制執行之聲請。

實施強制執行時,如有特別情事繼續執行顯非適當者,執行法院得變更或延展執行期日。

第 11 條

供強制執行之財產權,其取得、設定、喪失或變更,依法應登記者,為強制執行時,執行法院應即通知該管登記機關登記其事由。

前項通知,執行法院得依債權人之聲請,交債權人逕行持送登記機關登記。

債務人因繼承、強制執行、徵收或法院之判決,於登記前已取得不動產物權者,執行法院得因債權人之聲請,以債務人費用,通知登記機關登記為債務人所有後而為執行。

前項規定,於第五條第三項之續行強制執行而有辦理繼承登記之必要者,準用之。但不影響繼承人拋棄繼承或限定繼承之權利。

第 12 條

當事人或利害關係人,對於執行法院強制執行之命令,或對於執行法官、書記官、執達員實施強制執行之方法,強制執行時應遵守之程序,或其他侵害利益之情事,得於強制執行程序終結前,為聲請或聲明異議。但強制執行不因而停止。

前項聲請及聲明異議,由執行法院裁定之。

不服前項裁定者,得為抗告。

第 13 條

執行法院對於前條之聲請，聲明異議或抗告認為有理由時，應將原處分或程序撤銷或更正之。

執行法院於前項撤銷或更正之裁定確定前，因必要情形或依聲請定相當並確實之擔保，得以裁定停止該撤銷或更正裁定之執行。

當事人對前項裁定，不得抗告。

第 14 條

執行名義成立後，如有消滅或妨礙債權人請求之事由發生，債務人得於強制執行程序終結前，向執行法院對債權人提起異議之訴。如以裁判為執行名義時，其為異議原因之事實發生在前訴訟言詞辯論終結後者，亦得主張之。

執行名義無確定判決同一之效力者，於執行名義成立前，如有債權不成立或消滅或妨礙債權人請求之事由發生，債務人亦得於強制執行程序終結前提起異議之訴。

依前二項規定起訴，如有多數得主張之異議原因事實，應一併主張之。其未一併主張者，不得再行提起異議之訴。

第 14-1 條

債務人對於債權人依第四條之二規定聲請強制執行，如主張非執行名義效力所及者，得於強制執行程序終結前，向執行法院對債權人提起異議之訴。

債權人依第四條之二規定聲請強制執行經執行法院裁定駁回者，得於裁定送達後十日之不變期間內，向執行法院對債務人提起許可執行之訴。

第 15 條

第三人就執行標的物有足以排除強制執行之權利者，得於強制執行程序終結前，向執行法院對債權人提起異議之訴。如債務人亦否認其權利時，並得以債務人為被告。

第 16 條

債務人或第三人就強制執行事件得提起異議之訴時，執行法院得指示其另行起訴，或諭知債權人，經其同意後，即由執行法院撤銷強制執行。

第 17 條

執行法院如發見債權人查報之財產確非債務人所有者,應命債權人另行查報,於強制執行開始後始發見者,應由執行法院撤銷其執行處分。

第 18 條

強制執行程序開始後,除法律另有規定外,不停止執行。

有回復原狀之聲請,或提起再審或異議之訴,或對於和解為繼續審判之請求,或提起宣告調解無效之訴、撤銷調解之訴,或對於許可強制執行之裁定提起抗告時,法院因必要情形或依聲請定相當並確實之擔保,得為停止強制執行之裁定。

第 19 條

執行法院對於強制執行事件,認有調查之必要時,得命債權人查報,或依職權調查之。

執行法院得向稅捐及其他有關機關、團體或知悉債務人財產之人調查債務人財產狀況,受調查者不得拒絕。但受調查者為個人時,如有正當理由,不在此限。

第 20 條

已發見之債務人財產不足抵償聲請強制執行債權或不能發現債務人應交付之財產時,執行法院得依債權人聲請或依職權,定期間命債務人據實報告該期間屆滿前一年內應供強制執行之財產狀況。

債務人違反前項規定,不為報告或為虛偽之報告,執行法院得依債權人聲請或依職權命其提供擔保或限期履行執行債務。

債務人未依前項命令提供相當擔保或遵期履行者,執行法院得依債權人聲請或依職權管收債務人。但未經訊問債務人,並認其非不能報告財產狀況者,不得為之。

第 21 條

債務人有下列情形之一,而有強制其到場之必要者,執行法院得拘提之:

一、經合法通知,無正當理由而不到場。

二、有事實足認為有逃匿之虞。

債務人有前項情形者,司法事務官得報請執行法院拘提之。

債務人經拘提到場者，執行法院得交由司法事務官即時詢問之。

司法事務官於詢問後，應向執行法院提出書面報告。

第 21-1 條

拘提，應用拘票。

拘票應記載左列事項，由執行法官簽名：

一、應拘提人姓名、性別、年齡、出生地及住所或居所，有必要時，應記載其足資辨別之特徵。但年齡、出生地、住所或居所不明者，得免記載。

二、案由。

三、拘提之理由。

四、應到之日、時及處所。

第 21-2 條

拘提，由執達員執行。

第 22 條

債務人有下列情形之一者，執行法院得依債權人聲請或依職權命其提供擔保或限期履行：

一、有事實足認顯有履行義務之可能故不履行。

二、就應供強制執行之財產有隱匿或處分之情事。

債務人有前項各款情形之一，而有事實足認顯有逃匿之虞或其他必要事由者，執行法院得依債權人聲請或依職權，限制債務人住居於一定之地域。但債務人已提供相當擔保、限制住居原因消滅或執行完結者，應解除其限制。

前項限制住居及其解除，應通知債務人及有關機關。

債務人無正當理由違反第二項限制住居命令者，執行法院得拘提之。

債務人未依第一項命令提供相當擔保、遵期履行或無正當理由違反第二項限制住居命令者，執行法院得依債權人聲請或依職權管收債務人。但未經訊問債務人，並認非予管收，顯難進行強制執行程序者，不得為之。

債務人經拘提、通知或自行到場，司法事務官於詢問後，認有前項事由，而有管收之必要者，應報請執行法院依前項規定辦理。

第 22-1 條

管收，應用管收票。

管收票，應記載左列事項，由執行法官簽名：

一、應管收人之姓名、性別、年齡、出生地及住所或居所，有必要時，應記載其足資辨別之特徵。

二、案由。

三、管收之理由。

第 22-2 條

執行管收，由執達員將應管收人送交管收所。

管收所所長驗收後，應於管收票附記送到之年、月、日、時，並簽名。

第 22-3 條

債務人有左列情形之一者，不得管收，其情形發生於管收後者，應停止管收：

一、因管收而其一家生計有難以維持之虞者。

二、懷胎五月以上或生產後二月未滿者。

三、現罹疾病，恐因管收而不能治療者。

第 22-4 條

被管收人有左列情形之一者，應即釋放：

一、管收原因消滅者。

二、已就債務提出相當擔保者。

三、管收期限屆滿者。

四、執行完結者。

第 22-5 條

拘提、管收，除本法別有規定外，準用刑事訴訟法關於拘提、羈押之規定。

第 23 條

債務人依第二十條第二項、第二十二條第一項、第二項及第二十二條之四第二款提供之擔保，執行法院得許由該管區域內有資產之人具保證書代之。

前項具保證書人，如於保證書載明債務人逃亡或不履行義務時，由其負責清償

或賠償一定之金額者，執行法院得因債權人之聲請，逕向具保證書人為強制執行。

第 24 條

管收期限不得逾三個月。

有管收新原因發生時，對於債務人仍得再行管收，但以一次為限。

第 25 條

債務人履行債務之義務，不因債務人或依本法得管收之人被管收而免除。

關於債務人拘提、管收、限制住居、報告及其他應負義務之規定，於下列各款之人亦適用之：

一、債務人為無行為能力人或限制行為能力人者，其法定代理人。

二、債務人失蹤者，其財產管理人。

三、債務人死亡者，其繼承人、遺產管理人、遺囑執行人或特別代理人。

四、法人或非法人團體之負責人、獨資商號之經理人。

前項各款之人，於喪失資格或解任前，具有報告及其他應負義務或拘提、管收、限制住居之原因者，在喪失資格或解任後，於執行必要範圍內，仍得命其履行義務或予拘提、管收、限制住居。

第 26 條

管收所之設置及管理，以法律定之。

第 27 條

債務人無財產可供強制執行，或雖有財產經強制執行後所得之數額仍不足清償債務時，執行法院應命債權人於一個月內查報債務人財產。債權人到期不為報告或查報無財產者，應發給憑證，交債權人收執，載明俟發見有財產時，再予強制執行。

債權人聲請執行，而陳明債務人現無財產可供執行者，執行法院得逕行發給憑證。

第 28 條

強制執行之費用，以必要部分為限，由債務人負擔，並應與強制執行之債權同

時收取。
前項費用,執行法院得命債權人代為預納。

第 28-1 條
強制執行程序如有左列情形之一,致不能進行時,執行法院得以裁定駁回其強制執行之聲請,並於裁定確定後,撤銷已為之執行處分:
一、債權人於執行程序中應為一定必要之行為,無正當理由而不為,經執行法院再定期限命為該行為,無正當理由逾期仍不為者。
二、執行法院命債權人於相當期限內預納必要之執行費用而不預納者。

第 28-2 條
民事強制執行,其執行標的金額或價額未滿新臺幣五千元者,免徵執行費;新臺幣五千元以上者,每百元收七角,其畸零之數不滿百元者,以百元計算。
前項規定,於聲明參與分配者,適用之。
執行非財產案件,徵收執行費新臺幣三千元。
法院依法科處罰鍰或怠金之執行,免徵執行費。
法院依法徵收暫免繳納費用或國庫墊付款之執行,暫免繳執行費,由執行所得扣還之。
執行人員之食、宿、舟、車費,不另徵收。

第 28-3 條
債權人聲請執行,依第二十七條第二項逕行發給憑證者,徵收執行費新臺幣一千元。但依前條第一項規定計算應徵收之執行費低於新臺幣一千元者,依該規定計算徵收之。
債權人依前項憑證聲請執行,而依第二十七條第二項逕行發給憑證者,免徵執行費。
債權人依前二項憑證聲請強制執行債務人財產者,應補徵收按前條第一項規定計算執行費之差額。

第 29 條
債權人因強制執行而支出之費用,得求償於債務人者,得準用民事訴訟法第九十一條之規定,向執行法院聲請確定其數額。

前項費用及其他為債權人共同利益而支出之費用，得求償於債務人者，得就強制執行之財產先受清償。

第 30 條

依判決為強制執行，其判決經變更或廢棄時，受訴法院因債務人之聲請，應於其判決內，命債權人償還強制執行之費用。

前項規定，於判決以外之執行名義經撤銷時，準用之。

第 30-1 條

強制執行程序，除本法有規定外，準用民事訴訟法之規定。

第二章關於金錢請求權之執行

第一節參與分配

第 31 條

因強制執行所得之金額，如有多數債權人參與分配時，執行法院應作成分配表，並指定分配期日，於分配期日五日前以繕本交付債務人及各債權人，並置於民事執行處，任其閱覽。

第 32 條

他債權人參與分配者，應於標的物拍賣、變賣終結或依法交債權人承受之日一日前，其不經拍賣或變賣者，應於當次分配表作成之日一日前，以書狀聲明之。

逾前項期間聲明參與分配者，僅得就前項債權人受償餘額而受清償；如尚應就債務人其他財產執行時，其債權額與前項債權餘額，除有優先權者外，應按其數額平均受償。

第 33 條

對於已開始實施強制執行之債務人財產，他債權人再聲請強制執行者，已實施執行行為之效力，於為聲請時及於該他債權人，應合併其執行程序，並依前二條之規定辦理。

第 33-1 條

執行人員於實施強制執行時，發現債務人之財產業經行政執行機關查封者，不得再行查封。

前項情形，執行法院應將執行事件連同卷宗函送行政執行機關合併辦理，並通知債權人。

行政執行機關就已查封之財產不再繼續執行時，應將有關卷宗送請執行法院繼續執行。

第 33-2 條

執行法院已查封之財產，行政執行機關不得再行查封。

前項情形，行政執行機關應將執行事件連同卷宗函送執行法院合併辦理，並通知移送機關。

執行法院就已查封之財產不再繼續執行時，應將有關卷宗送請行政執行機關繼續執行。

第 34 條

有執行名義之債權人聲明參與分配時，應提出該執行名義之證明文件。

依法對於執行標的物有擔保物權或優先受償權之債權人，不問其債權已否屆清償期，應提出其權利證明文件，聲明參與分配。

執行法院知有前項債權人者，應通知之。知有債權人而不知其住居所或知有前項債權而不知孰為債權人者，應依其他適當方法通知或公告之。經通知或公告仍不聲明參與分配者，執行法院僅就已知之債權及其金額列入分配。其應徵收之執行費，於執行所得金額扣繳之。

第二項之債權人不聲明參與分配，其債權金額又非執行法院所知者，該債權對於執行標的物之優先受償權，因拍賣而消滅，其已列入分配而未受清償部分，亦同。

執行法院於有第一項或第二項之情形時，應通知各債權人及債務人。

第 34-1 條

政府機關依法令或本於法令之處分，對義務人有公法上金錢債權，依行政執行法得移送執行者，得檢具證明文件，聲明參與分配。

第 35 條

（刪除）

第 36 條

（刪除）

第 37 條

實行分配時，應由書記官作成分配筆錄。

第 38 條

參與分配之債權人，除依法優先受償者外，應按其債權額數平均分配。

第 39 條

債權人或債務人對於分配表所載各債權人之債權或分配金額有不同意者，應於分配期日一日前，向執行法院提出書狀，聲明異議。

前項書狀，應記載異議人所認原分配表之不當及應如何變更之聲明。

第 40 條

執行法院對於前條之異議認為正當，而到場之債務人及有利害關係之他債權人不為反對之陳述或同意者，應即更正分配表而為分配。

異議未依前項規定終結者，應就無異議之部分先為分配。

第 40-1 條

依前條第一項更正之分配表，應送達於未到場之債務人及有利害關係之他債權人。

前項債務人及債權人於受送達後三日內不為反對之陳述者，視為同意依更正分配表實行分配。其有為反對陳述者，應通知聲明異議人。

第 41 條

異議未終結者，為異議之債權人或債務人，得向執行法院對為反對陳述之債權人或債務人提起分配表異議之訴。但異議人已依同一事由就有爭執之債權先行提起其他訴訟者，毋庸再行起訴，執行法院應依該確定判決實行分配。

債務人對於有執行名義而參與分配之債權人為異議者，僅得以第十四條規定之

事由,提起分配表異議之訴。

聲明異議人未於分配期日起十日內向執行法院為前二項起訴之證明者,視為撤回其異議之聲明;經證明者,該債權應受分配之金額,應行提存。

前項期間,於第四十條之一有反對陳述之情形,自聲明異議人受通知之日起算。

第 42 條
(刪除)

第 43 條
(刪除)

第 44 條
(刪除)

第二節對於動產之執行
第 45 條
動產之強制執行,以查封、拍賣或變賣之方法行之。

第 46 條
查封動產,由執行法官命書記官督同執達員為之。於必要時得請有關機關、自治團體、商業團體、工業團體或其他團體,或對於查封物有專門知識經驗之人協助。

第 47 條
查封動產,由執行人員實施占有。其將查封物交付保管者,並應依左列方法行之:
一、標封。
二、烙印或火漆印。
三、其他足以公示查封之適當方法。
前項方法,於必要時得併用之。

第 48 條

查封時，得檢查、啟視債務人居住所、事務所、倉庫、箱櫃及其他藏置物品之處所。

查封時，如債務人不在場，應命其家屬或鄰右之有辨別事理能力者到場，於必要時，得請警察到場。

第 49 條

（刪除）

第 50 條

查封動產，以其價格足清償強制執行之債權額及債務人應負擔之費用者為限。

第 50-1 條

應查封動產之賣得價金，清償強制執行費用後，無賸餘之可能者，執行法院不得查封。

查封物賣得價金，於清償優先債權及強制執行費用後，無賸餘之可能者，執行法院應撤銷查封，將查封物返還債務人。

前二項情形，應先詢問債權人之意見，如債權人聲明於查封物賣得價金不超過優先債權及強制執行費用時，願負擔其費用者，不適用之。

第 51 條

查封之效力及於查封物之天然孳息。

實施查封後，債務人就查封物所為移轉、設定負擔或其他有礙執行效果之行為，對於債權人不生效力。

實施查封後，第三人未經執行法院允許，占有查封物或為其他有礙執行效果之行為者，執行法院得依職權或依聲請排除之。

第 52 條

查封時，應酌留債務人及其共同生活之親屬二個月間生活所必需之食物、燃料及金錢。

前項期間，執行法官審核債務人家庭狀況，得伸縮之。但不得短於一個月或超過三個月。

第 53 條

左列之物不得查封：

一、債務人及其共同生活之親屬所必需之衣服、寢具及其他物品。

二、債務人及其共同生活之親屬職業上或教育上所必需之器具、物品。

三、債務人所受或繼承之勳章及其他表彰榮譽之物品。

四、遺像、牌位、墓碑及其他祭祀、禮拜所用之物。

五、未與土地分離之天然孳息不能於一個月內收穫者。

六、尚未發表之發明或著作。

七、附於建築物或其他工作物，而為防止災害或確保安全，依法令規定應設備之機械或器具、避難器具及其他物品。

前項規定斟酌債權人及債務人狀況，有顯失公平情形，仍以查封為適當者，執行法院得依聲請查封其全部或一部。其經債務人同意者，亦同。

第 54 條

查封時，書記官應作成查封筆錄及查封物品清單。

查封筆錄，應載明左列事項：

一、為查封原因之權利。

二、動產之所在地、種類、數量、品質及其他應記明之事項。

三、債權人及債務人。

四、查封開始之日時及終了之日時。

五、查封之動產保管人。

六、保管方法。

查封人員，應於前項筆錄簽名，如有保管人及依第四十八條第二項規定之人員到場者，亦應簽名。

第 55 條

星期日或其他休息日及日出前、日沒後，不得進入有人居住之住宅實施關於查封之行為。但有急迫情事，經執行法官許可者，不在此限。

日沒前已開始為查封行為者，得繼續至日沒後。

第一項許可之命令，應於查封時提示債務人。

第 56 條
書記官、執達員於查封時發見債務人之動產業經因案受查封者，應速將其查封原因報告執行法官。

第 57 條
查封後，執行法官應速定拍賣期日。

查封日至拍賣期間，至少應留七日之期間。但經債權人及債務人之同意或因查封物之性質，須迅速拍賣者，不在此限。

前項拍賣期日不得多於一個月。但因查封物之性質或有不得已之事由者，不在此限。

第 58 條
查封後，債務人得於拍定前提出現款，聲請撤銷查封。

拍定後，在拍賣物所有權移轉前，債權人撤回強制執行之聲請者，應得拍定人之同意。

第 59 條
查封之動產，應移置於該管法院所指定之貯藏所或委託妥適之保管人保管之。認為適當時，亦得以債權人為保管人。

查封物除貴重物品及有價證券外，經債權人同意或認為適當時，得使債務人保管之。

查封物交保管人時，應告知刑法所定損壞、除去或污穢查封標示或為違背其效力之行為之處罰。

查封物交保管人時，應命保管人出具收據。

查封物以債務人為保管人時，得許其於無損查封物之價值範圍內，使用之。

第 59-1 條
查封之有價證券，須於其所定之期限內為權利之行使或保全行為者，執行法院應於期限之始期屆至時，代債務人為該行為。

第 59-2 條
查封未與土地分離之天然孳息者，於收穫期屆至後，始得拍賣。

前項拍賣,得於採收後為之,其於分離前拍賣者,應由買受人自行負擔費用採收之。

第 60 條
查封物應公開拍賣之。但有左列情形之一者,執行法院得不經拍賣程序,將查封物變賣之:
一、債權人及債務人聲請或對於查封物之價格為協議者。
二、有易於腐壞之性質者。
三、有減少價值之虞者。
四、為金銀物品或有市價之物品者。
五、保管困難或需費過鉅者。
第七十一條之規定,於前項變賣準用之。

第 60-1 條
查封之有價證券,執行法院認為適當時,得不經拍賣程序,準用第一百十五條至第一百十七條之規定處理之。

第 61 條
拍賣動產,由執行法官命書記官督同執達員於執行法院或動產所在地行之。
前項拍賣,執行法院認為必要時,得委託拍賣行或適當之人行之。但應派員監督。

第 62 條
查封物為貴重物品而其價格不易確定者,執行法院應命鑑定人鑑定之。

第 63 條
執行法院應通知債權人及債務人於拍賣期日到場,無法通知或屆期不到場者,拍賣不因而停止。

第 64 條
拍賣動產,應由執行法院先期公告。
前項公告,應載明左列事項:

一、拍賣物之種類、數量、品質及其他應記明之事項。

二、拍賣之原因、日時及場所。

三、閱覽拍賣物及查封筆錄之處所及日時。

四、定有拍賣價金之交付期限者，其期限。

五、定有應買之資格或條件者，其資格或條件。

六、定有保證金者，其金額。

第 65 條

拍賣公告，應揭示於執行法院及動產所在地之鄉鎮市（區）公所或拍賣場所，如認為必要或因債權人或債務人之聲請，並得登載於公報或新聞紙，如當地有其他習慣者，並得依其習慣方法公告之。

第 66 條

拍賣，應於公告五日後行之。但因物之性質須迅速拍賣者，不在此限。

第 67 條

（刪除）

第 68 條

拍賣物之交付，應於價金繳足時行之。

第 68-1 條

執行法院於有價證券拍賣後，得代債務人為背書或變更名義與買受人之必要行為，並載明其意旨。

第 68-2 條

拍定人未繳足價金者，執行法院應再拍賣。再拍賣時原拍定人不得應買。如再拍賣之價金低於原拍賣價金及因再拍賣所生之費用者，原拍定人應負擔其差額。

前項差額，執行法院應依職權以裁定確定之。

原拍定人繳納之保證金不足抵償差額時，得依前項裁定對原拍定人強制執行。

第 69 條

拍賣物買受人就物之瑕疵無擔保請求權。

第 70 條

執行法院因債權人或債務人之聲請,或認為必要時,應依職權於拍賣前預定拍賣物之底價,並得酌定保證金額,命應買人於應買前繳納之。未照納者,其應買無效。

執行法院定底價時,應詢問債權人及債務人之意見,但無法通知或屆期不到場者,不在此限。

拍定,應就應買人所出之最高價,高呼三次後為之。

應買人所出之最高價,如低於底價,或雖未定底價而債權人或債務人對於應買人所出之最高價,認為不足而為反對之表示時,執行拍賣人應不為拍定,由執行法院定期再行拍賣。但債權人願依所定底價承受者,執行法院應交債權人承受。

拍賣物依前項規定,再行拍賣時,應拍歸出價最高之應買人。但其最高價不足底價百分之五十;或雖未定底價,而其最高價顯不相當者,執行法院應作價交債權人承受;債權人不承受時,執行法院應撤銷查封,將拍賣物返還債務人。債務人不得應買。

第 71 條

拍賣物無人應買時,執行法院應作價交債權人承受,債權人不願承受或依法不能承受者,應由執行法院撤銷查封,將拍賣物返還債務人。但拍賣物顯有賣得相當價金之可能者,準用前條第五項之規定。

第 72 條

拍賣於賣得價金足以清償強制執行之債權額及債務人應負擔之費用時,應即停止。

第 73 條

拍賣終結後,書記官應作成拍賣筆錄,載明左列事項:

一、拍賣物之種類、數量、品質及其他應記明之事項。

二、債權人及債務人。

三、拍賣之買受人姓名、住址及其應買之最高價額。

四、拍賣不成立或停止時，其原因。

五、拍賣之日時及場所。

六、作成拍賣筆錄之處所及年、月、日。

前項筆錄，應由執行拍賣人簽名。

第 74 條

拍賣物賣得價金，扣除強制執行之費用後，應將餘額交付債權人，其餘額超過債權人取得執行名義之費用及其債權所應受償之數額時，應將超過額交付債務人。

第三節 對於不動產之執行

第 75 條

不動產之強制執行，以查封、拍賣、強制管理之方法行之。

前項拍賣及強制管理之方法，於性質上許可並認為適當時，得併行之。

建築物及其基地同屬於債務人所有者，得併予查封、拍賣。

應拍賣之財產有動產及不動產者，執行法院得合併拍賣之。

前項合併拍賣之動產，適用關於不動產拍賣之規定。

第 76 條

查封不動產，由執行法官命書記官督同執達員依左列方法行之：

一、揭示。

二、封閉。

三、追繳契據。

前項方法，於必要時得併用之。

已登記之不動產，執行法院並應先通知登記機關為查封登記，其通知於第一項執行行為實施前到達登記機關時，亦發生查封之效力。

第 77 條

查封時，書記官應作成查封筆錄，載明下列事項：

一、為查封原因之權利。

二、不動產之所在地、種類、實際狀況、使用情形、現場調查所得之海砂屋、

輻射屋、地震受創、嚴重漏水、火災受損、建物內有非自然死亡或其他足以影響交易之特殊情事及其應記明之事項。

三、債權人及債務人。

四、查封方法及其實施之年、月、日、時。

五、查封之不動產有保管人者，其保管人。

查封人員及保管人應於前項筆錄簽名，如有依第四十八條第二項規定之人員到場者，亦應簽名。

第 77-1 條

執行法官或書記官，為調查前條第一項第二款情事或其他權利關係，得依下列方式行之：

一、開啟門鎖進入不動產或訊問債務人或占有之第三人，並得命其提出有關文書。

二、向警察及其他有關機關、團體調查，受調查者不得拒絕。

前項情形，債務人無正當理由拒絕陳述或提出文書，或為虛偽陳述或提出虛偽之文書者，執行法院得依債權人聲請或依職權管收債務人。但未經訊問債務人，並認非予管收，顯難查明不動產狀況者，不得為之。

第三人有前項情形或拒絕到場者，執行法院得以裁定處新臺幣一萬五千元以下之罰鍰。

第 78 條

已查封之不動產，以債務人為保管人者，債務人仍得為從來之管理或使用。由債務人以外之人保管者，執行法院得許債務人於必要範圍內管理或使用之。

第 79 條

查封之不動產保管或管理，執行法院得交由有關機關、自治團體、商業團體、工業團體或其他團體為之。

第 80 條

拍賣不動產，執行法院應命鑑定人就該不動產估定價格，經核定後，為拍賣最低價額。

第 80-1 條

不動產之拍賣最低價額不足清償優先債權及強制執行之費用者，執行法院應將其事由通知債權人。債權人於受通知後七日內，得證明該不動產賣得價金有膡餘可能或指定超過該項債權及費用總額之拍賣最低價額，並聲明如未拍定願負擔其費用而聲請拍賣。逾期未聲請者，執行法院應撤銷查封，將不動產返還債務人。

依債權人前項之聲請為拍賣而未拍定，債權人亦不承受時，執行法院應公告願買受該不動產者，得於三個月內依原定拍賣條件為應買之表示，執行法院於訊問債權人及債務人意見後，許其應買；債權人復願承受者亦同。逾期無人應買或承受者，執行法院應撤銷查封，將不動產返還債務人。

不動產由順位在先之抵押權或其他優先受償權人聲請拍賣者，不適用前二項之規定。

第一項、第二項關於撤銷查封將不動產返還債務人之規定，於該不動產已併付強制管理之情形；或債權人已聲請另付強制管理而執行法院認為有實益者，不適用之。

第 81 條

拍賣不動產，應由執行法院先期公告。

前項公告，應載明下列事項：

一、不動產之所在地、種類、實際狀況、占有使用情形、調查所得之海砂屋、輻射屋、地震受創、嚴重漏水、火災受損、建物內有非自然死亡或其他足以影響交易之特殊情事及其應記明之事項。

二、拍賣之原因、日期及場所。如以投標方法拍賣者，其開標之日時及場所，定有保證金額者，其金額。

三、拍賣最低價額。

四、交付價金之期限。

五、閱覽查封筆錄之處所及日、時。

六、定有應買資格或條件者，其資格或條件。

七、拍賣後不點交者，其原因。

八、定有應買人察看拍賣物之日、時者，其日、時。

第 82 條

拍賣期日距公告之日，不得少於十四日。

第 83 條

拍賣不動產，由執行法官命書記官督同執達員於執行法院或其他場所為之。

第 84 條

拍賣公告，應揭示於執行法院及不動產所在地或其所在地之鄉鎮市（區）公所，
如當地有其他習慣者，並得依其習慣方法公告之。

拍賣公告，如當地有公報或新聞紙者，並應登載，但不動產價值過低者，得不
予登載。

第 85 條

拍賣不動產，執行法院得因債權人或債務人之聲請或依職權，以投標之方法行
之。

第 86 條

以投標方法拍賣不動產時，執行法院得酌定保證金額，命投標人於開標前繳納
之。

第 87 條

投標人應以書件密封，投入執行法院所設之標匭。

前項書件，應載明左列事項：

一、投標人之姓名、年齡及住址。

二、願買之不動產。

三、願出之價額。

第 88 條

開標應由執行法官當眾開示，並朗讀之。

第 89 條

投標應繳納保證金而未照納者，其投標無效。

第 90 條

投標人願出之最高價額相同者，以當場增加之金額最高者為得標人；無人增加價額者，以抽籤定其得標人。

前項得標人未於公告所定期限內繳足價金者，再行拍賣。但未中籤之投標人仍願按原定投標條件依法承買者，不在此限。

第 91 條

拍賣之不動產無人應買或應買人所出之最高價未達拍賣最低價額，而到場之債權人於拍賣期日終結前聲明願承受者，執行法院應依該次拍賣所定之最低價額，將不動產交債權人承受，並發給權利移轉證書。其無人承受或依法不得承受者，由執行法院定期再行拍賣。

依前項規定再行拍賣時，執行法院應酌減拍賣最低價額；酌減數額不得逾百分之二十。

第 92 條

再行拍賣期日，無人應買或應買人所出之最高價，未達於減定之拍賣最低價額者，準用前條之規定；如再行拍賣，其酌減數額，不得逾減定之拍賣最低價額百分之二十。

第 93 條

前二條再行拍賣之期日，距公告之日，不得少於十日多於三十日。

第 94 條

債權人有二人以上願承受者，以抽籤定之。

承受不動產之債權人，其應繳之價金超過其應受分配額者，執行法院應限期命其補繳差額後，發給權利移轉證書；逾期不繳者，再行拍賣。但有未中籤之債權人仍願按原定拍賣條件依法承受者，不在此限。

第六十八條之二之規定，於前項再行拍賣準用之。

第 95 條

經二次減價拍賣而未拍定之不動產，債權人不願承受或依法不得承受時，執行法院應於第二次減價拍賣期日終結後十日內公告願買受該不動產者，得於公告

之日起三個月內依原定拍賣條件為應買之表示，執行法院得於詢問債權人及債務人意見後，許其買受。債權人復願為承受者，亦同。

前項三個月期限內，無人應買前，債權人亦得聲請停止前項拍賣，而另行估價或減價拍賣，如仍未拍定或由債權人承受，或債權人未於該期限內聲請另行估價或減價拍賣者，視為撤回該不動產之執行。

第九十四條第二項、第三項之規定，於本條第一項承買準用之。

第 96 條

供拍賣之數宗不動產，其中一宗或數宗之賣得價金，已足清償強制執行之債權額及債務人應負擔之費用時，其他部分應停止拍賣。

前項情形，債務人得指定其應拍賣不動產之部分。但建築物及其基地，不得指定單獨拍賣。

第 97 條

拍賣之不動產，買受人繳足價金後，執行法院應發給權利移轉證書及其他書據。

第 98 條

拍賣之不動產，買受人自領得執行法院所發給權利移轉證書之日起，取得該不動產所有權，債權人承受債務人之不動產者亦同。

前項不動產原有之地上權、永佃權、地役權、典權及租賃關係隨同移轉。但發生於設定抵押權之後，並對抵押權有影響，經執行法院除去後拍賣者，不在此限。

存於不動產上之抵押權及其他優先受償權，因拍賣而消滅。但抵押權所擔保之債權未定清償期或其清償期尚未屆至，而拍定人或承受抵押物之債權人聲明願在拍定或承受之抵押物價額範圍內清償債務，經抵押權人同意者，不在此限。

第 99 條

債務人應交出之不動產，現為債務人占有或於查封後為第三人占有者，執行法院應解除其占有，點交於買受人或承受人；如有拒絕交出或其他情事時，得請警察協助。

第三人對其在查封前無權占有不爭執或其占有為前條第二項但書之情形者，前項規定亦適用之。

依前二項規定點交後，原占有人復即占有該不動產者，執行法院得依聲請再解除其占有後點交之。

前項執行程序，應徵執行費。

第 100 條

房屋內或土地上之動產，除應與不動產同時強制執行外，應取去點交債務人或其代理人、家屬或受僱人。

無前項之人接受點交時，應將動產暫付保管，向債務人為限期領取之通知，債務人逾限不領取時，得拍賣之而提存其價金，或為其他適當之處置。

前二項規定，於前條之第三人適用之。

第 101 條

債務人應交出書據而拒絕交出時，執行法院得將書據取交債權人或買受人，並得以公告宣示未交出之書據無效，另作證明書發給債權人或買受人。

第 102 條

共有物應有部分第一次之拍賣，執行法院應通知他共有人。但無法通知時，不在此限。

最低拍賣價額，就共有物全部估價，按債務人應有部分比例定之。

第 103 條

已查封之不動產，執行法院得因債權人之聲請或依職權，命付強制管理。

第 104 條

命付強制管理時，執行法院應禁止債務人干涉管理人事務及處分該不動產之收益，如收益應由第三人給付者，應命該第三人向管理人給付。

前項命第三人給付之命令，於送達於該第三人時發生效力。

第 105 條

管理人由執行法院選任之。但債權人得推薦適當之人。

執行法院得命管理人提供擔保。

管理人之報酬，由執行法院詢問債權人及債務人意見後定之。

第 106 條

強制管理,以管理人一人為之。但執行法院認為必要時,得選任數人。

管理人有數人時,應共同行使職權。但執行法院另以命令定其職務者,不在此限。

管理人共同行使職權時,第三人之意思表示,得僅向其中一人為之。

第 107 條

執行法院對於管理人,應指示關於管理上必要之事項,並監督其職務之進行。

管理人將管理之不動產出租者,應以書面為之,並應經執行法院之許可。

執行法院為前項許可時,應詢問債權人及債務人之意見。但無法通知或屆期不到場者,不在此限。

第 108 條

管理人不勝任或管理不適當時,執行法院得解除其職務或更換之。

第 109 條

管理人因強制管理及收益,得占有不動產,遇有抗拒,得請執行法院核辦,或請警察協助。

第 110 條

管理人於不動產之收益,扣除管理費用及其他必需之支出後,應將餘額速交債權人;如有多數債權人參與分配,執行法院認為適當時,得指示其作成分配表分配之。

債權人對於前項所交數額有異議時,得向執行法院聲明之;如債權人於前項分配表達到後三日內向管理人異議者,管理人應即報請執行法院分配之。

第一項收益,執行法院得依債務人或其共同生活之親屬之聲請,酌留維持其生活所必需之數額,命管理人支付之。

第 111 條

管理人應於每月或其業務終結後,繕具收支計算書,呈報執行法院,並送交債權人及債務人。

債權人或債務人對於前項收支計算書有異議時,得於接得計算書後五日內,向

執行法院聲明之。

第 112 條

強制執行之債權額及債務人應負擔之費用，就不動產之收益已受清償時，執行法院應即終結強制管理。

不動產之收益，扣除管理費用及其他必需之支出後，無賸餘之可能者，執行法院應撤銷強制管理程序。

第 113 條

不動產之強制執行，除本節有規定外，準用關於動產執行之規定。

第四節對於船舶及航空器之執行

第 114 條

海商法所定之船舶，其強制執行，除本法另有規定外，準用關於不動產執行之規定；建造中之船舶亦同。

對於船舶之強制執行，自運送人或船長發航準備完成時起，以迄航行完成時止，仍得為之。

前項強制執行，除海商法第四條第一項但書之規定或船舶碰撞之損害賠償外，於保全程序之執行名義，不適用之。

第 114-1 條

船舶於查封後，應取去證明船舶國籍之文書，使其停泊於指定之處所，並通知航政主管機關。但經債權人同意，執行法院得因當事人或利害關係人之聲請，准許其航行。

債務人或利害關係人，得以債權額及執行費用額或船舶之價額，提供擔保金額或相當物品，聲請撤銷船舶之查封。

前項擔保，得由保險人或經營保證業務之銀行出具擔保書代之。擔保書應載明債務人不履行義務時，由其負責清償或併賠償一定之金額。

依前二項規定撤銷船舶之查封時，得就該項擔保續行執行。如擔保人不履行義務時，執行法院得因債權人之聲請，逕向擔保人為強制執行。

第二項、第三項係就債權額及執行費用額提供擔保者，於擔保提出後，他債權人對該擔保不得再聲明參與分配。

第一項但書情形，不影響海商法第二十四條第一項第一款之優先受償權。

第 114-2 條

依前條第一項但書准許航行之船舶，在未返回指定之處所停泊者，不得拍賣。但船舶現停泊於他法院轄區者，得囑託該法院拍賣或為其他執行行為。

拍賣船舶之公告，除記載第八十一條第二項第二款至第五款事項外，並應載明船名、船種、總噸位、船舶國籍、船籍港、停泊港及其他事項，揭示於執行法院、船舶所在地及船籍港所在地航政主管機關牌示處。

船舶得經應買人、債權人及債務人同意變賣之，並於買受人繳足價金後，由執行法院發給權利移轉證書。

前項變賣，其賣得價金足以清償債權人之債權者，無須得其同意。

第 114-3 條

外國船舶經中華民國法院拍賣者，關於船舶之優先權及抵押權，依船籍國法。

當事人對優先權與抵押權之存在所擔保之債權額或優先次序有爭議者，應由主張有優先權或抵押權之人，訴請執行法院裁判；在裁判確定前，其應受償之金額，應予提存。

第 114-4 條

民用航空法所定航空器之強制執行，除本法另有規定外，準用關於船舶執行之規定。

查封之航空器，得交由當地民用航空主管機關保管之。航空器第一次拍賣期日，距公告之日，不得少於一個月。

拍賣航空器之公告，除記載第八十一條第二項第二款至第五款事項外，並應載明航空器所在地、國籍、標誌、登記號碼、型式及其他事項。

前項公告，執行法院應通知民用航空主管機關登記之債權人。但無法通知者，不在此限。

第五節 對於其他財產權之執行
第 115 條

就債務人對於第三人之金錢債權為執行時，執行法院應發扣押命令禁止債務人收取或為其他處分，並禁止第三人向債務人清償。

前項情形，執行法院得詢問債權人意見，以命令許債權人收取，或將該債權移轉於債權人。如認為適當時，得命第三人向執行法院支付轉給債權人。

金錢債權因附條件、期限、對待給付或其他事由，致難依前項之規定辦理者，執行法院得依聲請，準用對於動產執行之規定拍賣或變賣之。

金錢債權附有已登記之擔保物權者，執行法院依前三項為強制執行時，應即通知該管登記機關登記其事由。

第 115-1 條

對於薪資或其他繼續性給付之債權所為強制執行，於債權人之債權額及強制執行費用額之範圍內，其效力及於扣押後應受及增加之給付。

前項債務人於扣押後應受及增加之給付，執行法院得以命令移轉於債權人。但債務人喪失其權利或第三人喪失支付能力時，債權人債權未受清償部分，移轉命令失其效力，得聲請繼續執行。並免徵執行費。

第 115-2 條

第三人於執行法院發第一百十五條第二項命令前，得將對債務人之金錢債權全額或扣押部分提存於清償地之提存所。

第三人於依執行法院許債權人收取或向執行法院支付轉給債權人之命令辦理前，又收受扣押命令，而其扣押之金額超過債務人之金錢債權未受扣押部分者，應即將該債權之全額支付扣押在先之執行法院。

第三人已為提存或支付時，應向執行法院陳明其事由。

第 116 條

就債務人基於債權或物權，得請求第三人交付或移轉動產或不動產之權利為執行時，執行法院除以命令禁止債務人處分，並禁止第三人交付或移轉外，如認為適當時，得命第三人將該動產或不動產交與執行法院，依關於動產或不動產執行之規定執行之。

基於確定判決，或依民事訴訟法成立之和解、調解，第三人應移轉或設定不動產物權於債務人者，執行法院得因債權人之聲請，以債務人之費用，通知登記機關登記為債務人所有後執行之。

第 116-1 條

就債務人基於債權或物權，得請求第三人交付或移轉船舶或航空器之權利為執行時，準用前條之規定辦理，並依關於船舶或航空器執行之規定執行之。

第 117 條

對於前三節及第一百十五條至前條所定以外之財產權執行時，準用第一百十五條至前條之規定，執行法院並得酌量情形，命令讓與或管理，而以讓與價金或管理之收益清償債權人。

第 118 條

第一百十五條、第一百十六條、第一百十六條之一及前條之命令，應送達於債務人及第三人，已為送達後，應通知債權人。

前項命令，送達於第三人時發生效力，無第三人者，送達於債務人時發生效力。但送達前已為扣押登記者，於登記時發生效力。

第 119 條

第三人不承認債務人之債權或其他財產權之存在，或於數額有爭議或有其他得對抗債務人請求之事由時，應於接受執行法院命令後十日內，提出書狀，向執行法院聲明異議。

第三人不於前項期間內聲明異議，亦未依執行法院命令，將金錢支付債權人，或將金錢、動產或不動產支付或交付執行法院時，執行法院得因債權人之聲請，逕向該第三人為強制執行。

對於前項執行，第三人得以第一項規定之事由，提起異議之訴。

第十八條第二項之規定，於前項訴訟準用之。

第 120 條

第三人依前條第一項規定聲明異議者，執行法院應通知債權人。

債權人對於第三人之聲明異議認為不實時，得於收受前項通知後十日內向管轄法院提起訴訟，並應向執行法院為起訴之證明及將訴訟告知債務人。債權人未於前項規定期間內為起訴之證明者，執行法院得依第三人之聲請，撤銷所發執行命令。

第 121 條

債務人對於第三人之債權或其他財產權持有書據，執行法院命其交出而拒絕者，得將該書據取出，並得以公告宣示未交出之書據無效，另作證明書發給債權人。

第 122 條

債務人依法領取之社會福利津貼、社會救助或補助，不得為強制執行。

債務人依法領取之社會保險給付或其對於第三人之債權，係維持債務人及其共同生活之親屬生活所必需者，不得為強制執行。

第六節 對於公法人財產之執行

第 122-1 條

關於金錢請求權之強制執行，債務人為中央或地方機關或依法為公法人者，適用本節之規定，但債務人為金融機構或其他無關人民生活必需之公用事業者，不在此限。

第二十條至第二十五條之規定，於前項執行不適用之。

第 122-2 條

執行法院應對前條債務人先發執行命令，促其於三十日內依照執行名義自動履行或將金錢支付執行法院轉給債權人。

債務人應給付之金錢，列有預算項目而不依前項規定辦理者，執行法院得適用第一百十五條第一項、第二項規定，逕向該管公庫執行之。

第 122-3 條

債務人管有之公用財產，為其推行公務所必需或其移轉違反公共利益者，債權人不得為強制執行。

關於前項情形，執行法院有疑問時，應詢問債務人之意見或為其他必要之調查。

第 122-4 條

債務人管有之非公用財產及不屬於前條第一項之公用財產，仍得為強制執行，不受國有財產法、土地法及其他法令有關處分規定之限制。

第三章關於物之交付請求權之執行

第 123 條

執行名義係命債務人交付一定之動產而不交付者，執行法院得將該動產取交債權人。

債務人應交付之物為書據、印章或其他相類之憑證而依前項規定執行無效果者，得準用第一百二十一條、第一百二十八條第一項之規定強制執行之。

第 124 條

執行名義係命債務人交出不動產而不交出者，執行法院得解除債務人之占有，使歸債權人占有。如債務人於解除占有後，復即占有該不動產者，執行法院得依聲請再為執行。

前項再為執行，應徵執行費。

執行名義係命債務人交出船舶、航空器或在建造中之船舶而不交出者，準用前二項規定。

第 125 條

關於動產、不動產執行之規定，於前二條情形準用之。

第 126 條

第一百二十三條及第一百二十四條應交付之動產、不動產或船舶及航空器為第三人占有者，執行法院應以命令將債務人對於第三人得請求交付之權利移轉於債權人。

第四章關於行為及不行為請求權之執行

第 127 條

依執行名義，債務人應為一定行為而不為者，執行法院得以債務人之費用，命第三人代為履行。

前項費用，由執行法院酌定數額，命債務人預行支付或命債權人代為預納，必要時，並得命鑑定人鑑定其數額。

第 128 條

依執行名義，債務人應為一定之行為，而其行為非他人所能代履行者，債務人不為履行時，執行法院得定債務人履行之期間。債務人不履行時，得處新臺幣三萬元以上三十萬元以下之怠金。其續經定期履行而仍不履行者，得再處怠金或管收之。

前項規定，於夫妻同居之判決不適用之。

執行名義，係命債務人交出子女或被誘人者，除適用第一項規定外，得用直接強制方式，將該子女或被誘人取交債權人。

第 129 條

執行名義係命債務人容忍他人之行為，或禁止債務人為一定之行為者，債務人不履行時，執行法院得處新臺幣三萬元以上三十萬元以下之怠金。其仍不履行時，得再處怠金或管收之。

前項情形，於必要時，並得因債權人之聲請，以債務人之費用，除去其行為之結果。

依前項規定執行後，債務人復行違反時，執行法院得依聲請再為執行。

前項再為執行，應徵執行費。

第 129-1 條

債務人應為第一百二十八條第一項及前條第一項之行為或不行為者，執行法院得通知有關機關為適當之協助。

第 130 條

命債務人為一定之意思表示之判決確定或其他與確定判決有同一效力之執行名義成立者，視為自其確定或成立時，債務人已為意思表示。

前項意思表示有待於對待給付者，於債權人已為提存或執行法院就債權人已為對待給付給予證明書時，視為債務人已為意思表示。公證人就債權人已為對待給付予以公證時，亦同。

第 131 條

關於繼承財產或共有物分割之裁判，執行法院得將各繼承人或共有人分得部分點交之；其應以金錢補償者，並得對於補償義務人之財產執行。

執行名義係變賣繼承財產或共有物，以價金分配於各繼承人或各共有人者，執行法院得予以拍賣，並分配其價金，其拍賣程序，準用關於動產或不動產之規定。

第五章假扣押假處分之執行

第 132 條
假扣押或假處分之執行，應於假扣押或假處分之裁定送達同時或送達前為之。
前項送達前之執行，於執行後不能送達，債權人又未聲請公示送達者，應撤銷其執行。其公示送達之聲請被駁回確定者亦同。
債權人收受假扣押或假處分裁定後已逾三十日者，不得聲請執行。

第 132-1 條
假扣押、假處分或定暫時狀態之處分裁定經廢棄或變更已確定者，於其廢棄或變更之範圍內，執行法院得依聲請撤銷其已實施之執行處分。

第 132-2 條
債權人依民法第一百五十一條規定拘束債務人自由，並聲請法院處理，經法院命為假扣押或假處分者，執行法院得依本法有關管收之規定，管收債務人或為其他限制自由之處分。

第 133 條
因執行假扣押收取之金錢，及依分配程序應分配於假扣押債權人之金額，應提存之。

第 134 條
假扣押之動產，如有價格減少之虞或保管需費過多時，執行法院得因債權人或債務人之聲請或依職權，定期拍賣，提存其賣得金。

第 135 條
對於債權或其他財產權執行假扣押者，執行法院應分別發禁止處分清償之命

令，並準用對於其他財產權執行之規定。

第 136 條
假扣押之執行，除本章有規定外，準用關於動產、不動產、船舶及航空器執行之規定。

第 137 條
假處分裁定，應選任管理人管理系爭物者，於執行時，執行法院應使管理人占有其物。

第 138 條
假處分裁定，係命令或禁止債務人為一定行為者，執行法院應將該裁定送達於債務人。

第 139 條
假處分裁定，係禁止債務人設定、移轉或變更不動產上之權利者，執行法院應將該裁定揭示。

第 140 條
假處分之執行，除前三條規定外，準用關於假扣押、金錢請求權及行為、不行為請求權執行之規定。

第六章附則

第 141 條
本法施行前，已開始強制執行之事件，視其進行程度，依本法所定程序終結之。其已進行之部分，不失其效力。

第 142 條
本法自公布日起施行。

C. 辦理強制執行事件應行注意事項

（民國 103 年 10 月 13 日修正）

一　關於第三條、第三條之一部分：

（一）執行期日，應由執行法官指定，不得由書記官代為辦理，關於查封、拍賣及其他執行筆錄，應由書記官當場作成，並即送執行法官核閱處理。

（二）同一地區之數個執行事件，宜盡量指定同一期日執行。

（三）實施強制執行時，遇有抗拒或防止抗拒，得請警察協助，債務人為現役軍人時，並得請憲兵協助。參與協助之警憲人員，其出差旅費，視為執行費用，執行法院得命債權人代為預納。

（四）執行之標的物性質特殊者，得請對該物有特別知識經驗之機關協助。例如：拆屋還地事件，於必要時，得請電力、電信或自來水機構協助斷電、斷水。

（五）警察或有關機關違背本法第三條之一第三項之義務者，執行法院得函請其上級機關議處或送請監察院處理。

二　關於第四條、第四條之二部分：

（一）確定判決為執行名義時，其執行應以該確定判決之內容為準。未經確定判決判明之事項，執行法院不得逕為何種處分。

（二）確定判決之執行，以給付判決且適於強制執行者為限。其不得據以強制執行者，倘誤為開始執行，應撤銷執行程序，並以裁定駁回強制執行聲請。

（三）關於確定判決之執行，如其判決主文不明瞭，而所附理由已記載明晰，與主文不相牴觸者，得參照該判決之理由為執行。

（四）確定判決命合夥履行債務者，應先對合夥財產為執行，如不足清償時，得對合夥人之財產執行之。但其人否認為合夥人，而其是否為合夥人亦欠明確者，非另有確認其為合夥人之確定判決，不得對之強制執行。

（五）確定判決如就同一債務命數債務人連帶履行者，債權人得專對債務人中之一人聲請為全部給付之執行。執行法院不得依該債務人之聲請，就其他連帶債務人之財產，逕為強制執行。

（六）判決，除有本法第四條之二情形外，祇能對於當事人為之，若對於非當

事人之人命為給付，自不生效力。執行法院即不得本此判決，對之為強制執行。

（七）判決所命被告交付之物，於判決確定後，經法律禁止交易者，執行法院不得據以執行。

（八）在執行法院成立之和解，為訴訟外之和解，無執行力。但因該和解有民法上和解之效力，當事人仍須受其拘束。執行法院亦得勸告當事人依照和解了結。

（九）執行名義如為依公證法作成之公證書，應注意公證法第十三條及公證法施行細則第四十條至第四十八條之規定。

（十）檢察官或軍事檢察官就法院或軍事審判機關所處罰金、罰鍰、沒收、沒入及追徵之裁判，所為指揮執行之命令，與民事執行名義有同一之效力，執行法院得受託強制執行。

（十一）依民事訴訟法科處當事人、法定代理人、證人或鑑定人等罰鍰之裁定，依刑事訴訟法科處證人或鑑定人罰鍰之裁定及依少年事件處理法科處少年法定代理人罰鍰之裁定，得為執行名義，執行法院可據以強制執行。

（十二）依鄉鎮市調解條例成立並經法院核定之調解書、耕地三七五減租條例成立之調解或調處之書面證明、商務仲裁人之判斷經法院為執行之裁定、公務人員交代條例公務人員經管財物移交不清該主管機關之移送函、依工程受益費徵收條例受益人不依限繳納工程受益費經機關移送函及其他依法具有強制執行名義之文書，均得據以強制執行。

（十三）法律有公法上金錢給付義務移送法院強制執行之規定者，自九十年一月一日行政執行法修正條文施行之日起，不適用之；其於修正條文施行前已移送法院強制執行而尚未終結之事件，自修正條文施行之日起，應移送該管行政執行處繼續執行之。

（十四）（刪除）

（十五）國民住宅主管機關依國民住宅條例第二十一條至第二十三條及第二十九條規定收回住宅及其基地、終止租賃契約收回該住宅或收回貸款者，應由該管地方法院民事庭裁定准許後，始得聲請執行法院為之強制執行。

（十六）債權人依本法第四條之二規定聲請強制執行者，應提出證明其本人或債務人為執行名義效力所及之人之相當證據。執行法院並應為必要之調查。

（十七）債權人依假扣押、假處分、假執行之裁判供擔保後聲請法院強制執行者，執行法院於實施執行行為後，應即通知該出具供擔保證明之提存所有關該案已實施執行行為之事項。

三　關於第五條、第五條之一部分：

（一）債權人之聲請，不合程式或有其他欠缺而可以補正者，應定相當期間通知補正。

（二）強制執行開始後，債權人死亡而無繼承人承認繼承時，其遺產於清償債權並交付遺贈物後，如有賸餘，歸屬國庫，故仍應繼續執行。

（三）強制執行開始後，債務人死亡者，繼承人對於債務人之債務，以因繼承所得遺產為限，負清償責任，僅得對遺產續行強制執行。

（四）選任特別代理人之費用，視為執行費用。

（五）執行名義係命債務人分期給付者，債權人就其清償期屆至部分以言詞或書面聲請繼續執行時，如原案尚未執行完畢者，應併原案繼續執行，並另徵執行費；如原案已執行完畢者，則依一般程序處理。

三之一　關於第五條之二部分：

有執行名義之債權人，依本法第五條之二規定聲請處理者，執行法院對於被拘束到場之債務人，認有本法第二十二條第一項所列情形之一者，得依該條第二項、第五項之規定，予以限制其住居或管收，對於押收之財產，應視其種類依本法有關規定處理之。

三之二　受託法院就其受託執行之事件，經執行有效果者，例如已查封或扣押債務人之財產，應迅即告知囑託法院，並候囑託法院通知是否續為執行。囑託法院就其囑託執行之事件，發現有囑託執行範圍應予減縮之情事者，應於知悉該情事後，迅即告知所有受託法院。

三之三　關於第六條部分：

執行人員應切實審查執行名義之真偽，各地方法院民事執行處應指定專人負責辦理其他地方法院查詢執行名義真偽相關事項。對於法院核發之執行名義真偽有疑義時，應調卷或以其他方法查證。

四　關於第十一條部分：

（一）依本法第十一條第二項規定將通知交債權人逕行持送登記機關登記者，執行法院應在發文簿內記明其事由，並命債權人簽收。

（二）查封之動產，如係經公路監理機關登記之車輛，應記明牌照及引擎號碼，通知該機關登記其事由。

（三）聲請撤銷查封、假扣押、假處分或債權人聲請撤回強制執行，其應准許，且無併案執行之情形時，執行法院應即通知該管登記機關登記其事由。

（四）供強制執行之財產有本法第十一條第三項情形，如經債務人表示願自行辦理繼承登記，得由其自行辦理。但自被繼承人死亡時已逾十個月仍未辦竣者，執行法院應轉知債權人得依本法第十一條第三項規定聲請代辦繼承登記後而為執行。

五　關於第十二條、第十三條部分：

（一）就強制執行所為之聲請或聲明異議，執行法院應迅速裁定，執行程序並不因之而停止。此項裁定，不得以其他公文為之，裁定正本應記載當事人不服裁定者，得於十日之不變期間內提起抗告。

（二）當事人或利害關係人不服前款裁定提起抗告時，執行法院除認抗告為有理由，將原處分或程序撤銷或更正外，應速將執行卷宗送交抗告法院，如該卷宗為執行法院所需用者，應自備影本、繕本或節本。

（三）執行法院依本法第十三條第二項規定為裁定時，主文宜記載為：「於本裁定送達之翌日起日內得以新臺幣元為供擔保後，停止（中華民國年月日本院年度字第號裁定）主文第項之執行。」並於裁定理由敘明如屆期未供擔保，即執行該撤銷或更正裁定。

六　關於第十四條、第十四條之一部分：

（一）債權人受確定判決後，於重行起算之時效期間業已屆滿，而聲請強制執行者，執行法院不得逕行駁回，但得由債務人提起異議之訴。

（二）債權人依本法第四條之二規定聲請強制執行，經執行法院裁定駁回者，應通知債權人得於裁定送達後十日之不變期間向執行法院對債務人提起許可執行之訴，此不變期間不因抗告而停止進行。

七　關於第十五條部分：

（一）出典人之債權人，僅就典物為禁止出典人讓與其所有權之假扣押或假處分，或僅請就典物之所有權執行拍賣，而典權本身並不受強制執行之影響者，典權人不得提起異議之訴。

（二）第三人對於執行之不動產有抵押權時，僅能主張就該不動產強制管理中，其權利繼續存在，或拍賣後有優先受償之權，不得提起異議之訴，以排除強制執行。

八　關於第十六條部分：

債務人或第三人就強制執行事件，得提起異議之訴時，宜先勸告債權人，俾得其同意撤銷強制執行，不得率行指示債務人或第三人另行起訴。

九　關於第十八條部分：

（一）債務人如受破產之宣告，其屬於破產財團之財產，除債權人行使別除權者外，應即停止強制執行程序，並通知債權人。

（二）債務人不能清償債務，依破產法向法院聲請和解，經法院裁定許可，或向商會請求和解，經商會同意處理時，其在法院裁定許可前或商會同意處理前成立之債權，除有擔保或優先權者外，對於債務人不得開始或繼續強制執行程序，並通知債權人。

（三）債務人為股份有限公司而經法院裁定准予重整者，應即停止強制執行程序，並通知債權人。

（四）依本法第十八條第二項裁定停止強制執行之權限，惟審判法院有之，執行法院並無此項權限。其停止強制執行之裁定，如以提供擔保為停止強制執行之條件者，在提供擔保以前，不得停止強制執行。

（五）當事人對於停止強制執行之裁定提起抗告時，執行法院應注意本法第三十條之一準用民事訴訟法第四百九十一條第二項、第三項規定，在有停止該裁定執行之裁定前，執行程序應停止進行。

（六）債務人經法院依消費者債務清理條例裁定開始更生程序者，除有擔保或有優先權之債權外，對於債務人不得開始或繼續強制執行程序，並通知債權人。

（七）債務人經法院依消費者債務清理條例裁定開始清算程序者，其屬於清算財團之財產，除債權人行使別除權者外，應停止強制執行程序，並通知

債權人。

九之一　關於第十九條部分：

執行法院對債務人之財產狀況，應注意調查，認有必要時，得逕依職權行之。債權人聲請執行法院依本條第二項調查時，宜予准許，但調查所得資料，除執行債權人得於執行必要範圍內使用外，仍應注意稅捐稽徵法第三十三條等有關法律保密之規定，不得允許其他人員閱覽。

十　關於第二十一條、第二十一條之二部分：

（一）債務人如為在軍隊或軍艦服役之軍人者，其通知書，應準用民事訴訟法第一百二十九條之規定而為送達。

（二）債務人為現役軍人者，其拘提應以拘票知照該管長官協助執行。

（三）執達員執行拘提時，應備拘票二聯，以一聯交債務人或其家屬。

（四）債務人有本法第二十一條第一項情形者，司法事務官得報請執行法院發動職權拘提債務人（格式如附件六）。

（五）司法事務官詢問經拘提到場之債務人，應詢問其姓名、年齡、身分證統一編號、住所或居所，以查驗其人別有無錯誤。於詢問後，應就有無管收必要之事實、理由及法律依據載明於報告書，向執行法院提出（格式如附件七）。

十一　關於第二十二條部分：

（一）債務人是否顯有履行義務之可能而故不履行，應參酌該義務之內容、債務人之資力、生活狀況及其他情形認定之。

（二）本法第二十二條之規定，於假扣押之執行，亦適用之。

（三）本法第二十二條第二項之限制住居，包括禁止出境在內。執行法院為此處分時，應通知該管戶政、警察機關限制債務人遷徙，通知入出境管理機關限制其出境，並同時通知債務人。解除其限制時，亦同。

（四）本法第二十二條第二項規定，所稱「其他必要事由」，係限制住居必要性之概括規定，如債務人就應供強制執行之財產有隱匿或處分情事，雖其並無逃匿之虞，但若已無從執行（於物之交付請求權執行之情形）或無其他財產或剩餘財產顯不足清償債權者（於金錢請求權執行之情形）均屬之。又如債務人於短時間內多次遷移戶籍地址，圖以規避執行法院

執行債權人與未成年人子女間會面交往探視權事件，此時即有限制債務人住居之必要。是否有其他必要事由，應由執行法院就具體個案依比例原則予以審酌。

（五）債權人聲請管收債務人者，應分案由執行法院裁定之。

（六）司法事務官詢問經拘提、通知或自行到場之債務人後，認有本法第二十二條第五項管收事由，而有管收之必要者，應依同條第六項規定，就有無管收必要之事實、理由及法律依據載明於報告書，向執行法院提出（格式如附件八）。

（七）執行法院於管收債務人前，仍須依本法第二十二條第五項但書規定踐行管收前之訊問程序，不得以司法事務官之詢問代之。

十一之一　關於第二十三條部分：

（一）具保證書人依本法第二十條第二項、第二十二條第一項、第二項及第二十二條之四第二款所為之擔保，其保證書未載明債務人逃亡或不履行債務時，由其負責清償或賠償一定之金額者，不宜准許。

（二）對具保證書人不得拘提、管收。

十二　關於第二十五條部分：

（一）管收債務人或本法第二十五條第二項各款之人，非具有本法第二十條第三項、第二十二條第五項、第七十七條之一第二項、第一百二十八條第一項及第一百二十九條第一項規定應行管收情形之一，且經執行法院踐行管收前訊問程序者，不得為之，管收期限，不得逾三個月，其有管收新原因者，亦僅得再管收一次。

（二）債務人或本法第二十五條第二項各款之人，雖合於管收條件。但依其他執行方法，足以達到強制執行之目的者，不得率予管收。

（三）本法第二十五條第二項第二款所謂財產管理人，應依非訟事件法第一百零九條之所定；本法第二十五條第二項第三款所謂繼承人，應依民法第一千一百三十八條、第一千一百四十四條之所定；所謂遺產管理人，應依民法第一千一百七十七條、第一千一百七十八條第二項及非訟事件法第一百四十六條至第一百四十九條、第一百五十三條之所定，並包括非訟事件法第一百五十四條所定之遺產清理人；所謂遺囑執行人，應依民法第一千二百零九條、第一千二百十一條、第一千二百十八條及非訟事

件法第一百五十六條之所定；所謂特別代理人，應依本法第五條第四項之所定；本法第二十五條第二項第四款所謂法人之負責人，在公司，應依公司法第八條之所定；在其他法人，係指法人之董事或與董事地位相等而執行業務之人；並均以有清償債務之權責者為限。如有管收情事，必要時得以限制住居代之。

（四）債務人或本法第二十五條第二項各款之人為現役軍人者，如予管收，應先知洽該管長官，認與軍事任務無影響者，始得為之。

十三　關於第二十六條部分：

執行拘提、管收，應注意有關法律之規定，管收期間，對於被管收人之提詢，每月不得少於二次，並應隨時注意被管收人有無應停止管收或釋放之情形。

十四　關於第二十七條部分：

（一）有本法第二十七條第一項規定之情形時，執行法院應命債權人於一個月內查報債務人財產，並得就其調查方法，為必要之曉示。債權人到期不為報告，或查報無財產時，執行法院應發給憑證，俟發現財產時再予執行。

（二）執行法院依本法第二十七條規定，發給俟發見財產再予執行之憑證者，其因開始執行而中斷之時效，應由此重行起算。

（三）執行名義為拍賣抵押物或質物之裁定，如拍賣結果不足清償抵押權或質權所擔保之債權者，其不足金額，須另行取得執行名義，始得對債務人其他財產執行，不得依本條發給憑證。

十五　關於第二十八條、第二十九條部分：

（一）本法第十一條第三項、第四項、第一百十六條第二項、第一百二十九條第二項所定登記或其他費用及管收債務人或本法第二十五條第二項各款之人所支出飲食費及其他必要費用，均為執行費用，有本法第二十九條第二項規定之適用。

（二）得依第二十九條第二項規定先受清償者，以為債權人全體共同利益而支出之費用為限；取得執行名義之費用，除係為其他債權人共同利益而支出者外，不在此之先受清償之列。

十五之一　關於第二十八條之一部分：
債權人不為一定必要之行為或不預納必要之費用，以事件因此不能進行者為限，始得駁回其強制執行之聲請。

十五之二　關於第二十八條之三部分：
債權人依本法第二十八條之三第三項規定，聲請強制執行債務人財產，而未補繳執行費差額者，執行法院應限期命其補正，逾期不補正者，應依本法第三十條之一準用民事訴訟法第二百四十九條第一項第六款規定，以強制執行之聲請不合法，裁定駁回。

十六　關於第三十一條、第三十八條部分：
（一）債權人撤回強制執行之聲請時，如他債權人已依本法第三十四條第一項之規定聲明參與分配者，得聲請繼續執行。
（二）拍賣或變賣所得價金，如有多數債權人於拍賣或變賣終結之日一日前聲明參與分配者，除依法有優先受償權者外，應按債權額之比例平均分配，並應迅即作成分配表，分配於債權人。執行標的物由債權人承受時，其承受價金之分配，亦同。
（三）執行名義所命給付之利息或違約金，載明算至清償日者，應以拍賣或變賣之全部價金交付與法院之日或債務人將債權額現款提出於法院之日視為清償日。
（四）土地增值稅、拍賣土地之地價稅、拍賣房屋之房屋稅、拍賣或變賣貨物之營業稅，應依稅捐稽徵法第六條第三項扣繳，不適用本法關於參與分配之規定。
（五）拍賣土地或房屋及拍賣或變賣貨物時，於拍定或准許承受後，應於三日內通知稅捐機關查復土地增值稅、地價稅、房屋稅、營業稅之稅額，不必待繳足價金後始行通知，以爭取時效。如得標人或承受人未遵守期限繳納價金，須再行拍賣或另行處理時，可函知稅捐機關不能依原通知扣繳稅捐之原因。
（六）拍定後，不得因買受人之聲請而准其延期繳納價金，除有不能分配之情形外，應於買受人繳交價金後，其依法應扣繳稅捐者，應於稅捐機關查復各該稅額後，五日內製作分配表，指定分配期日，迅速分配。業務繁忙之法院得斟酌情形，指定書記官專責製作分配表。

（七）如確有不能於規定期限內製作分配表之事由時，執行法院應主動將該事由通知各債權人，以釋其疑。

（八）分配期日，如有部分債權人對分配表異議，應依本法第四十條規定更正分配表而為分配，或就無異議之部分，先行分配，不得全部停止分配。

十七　（刪除）

十八　關於第三十三條部分：

（一）對於已開始強制執行之債務人財產，他債權人再聲請強制執行者，應注意併案處理。

（二）依本法第三十三條之規定處理者，以原聲請強制執行及再聲請強制執行之債權，均為金錢債權者為限。

（三）聲請強制執行之債權人撤回其聲請時，原實施之執行處分，對再聲請強制執行之他債權人繼續有效。

十八之一　關於第三十三條之一、第三十三條之二部分：

（一）執行法院將事件函送行政執行機關併辦時，應敘明如行政執行機關就已查封之財產不再進行執行程序時，應維持已實施之執行程序原狀，並將卷宗送由執行法院繼續執行。

（二）執行法院就已查封之財產不再進行執行程序時，如有行政執行機關函送併辦之事件，應維持已實施之執行程序原狀，並將卷宗送請行政執行機關繼續執行。

十九　關於第三十四條部分：

（一）他債權人參與分配者，以有執行名義或依法對於執行標的物有擔保物權或優先受償權之債權人為限。

（二）無執行名義之普通債權人聲明參與分配者，執行法院應即駁回之。

（三）本法第三十四條第二項之債權人聲明參與分配而不繳納執行費者，不得予以駁回，其應納之執行費，就執行標的物拍賣或變賣後所得金額扣繳之。執行法院將未聲明參與分配而已知之債權及金額，依職權列入分配者，其應納之執行費，亦同。又依本項規定參與分配之債權人，如已取得拍賣抵押物或質物裁定以外之金錢債權執行名義，其未受清償之金

額，得依本法第二十七條之規定發給憑證。

（四）有本法第三十四條第一項、第二項之債權人參與分配時，應即通知各債
　　　權人及債務人，俾其早日知悉而為必要之主張。

（五）本法第三十四條第二項規定之債權人，其參與分配，不受本法第三十二
　　　條第一項規定之限制。

二十　（刪除）

二十一　關於第三十七條部分：

各債權人應領之分配金額，如由債權人親自領取者，應核對其身分證明文件無
誤後交付之。如由原委任之代理人代為領取者，應查明有無特別代理權，及核
對代理人之身分證明文件無誤後，交付之。如係臨時委任之代理人，應命提出
有特別代理權之委任書，並查明委任人之簽名或印章與聲請執行書狀上之簽名
或印章是否相符，及核對代理人之身分證明文件無誤後，交付之。

二十一之一　關於第三十九條部分：

當事人未於分配期日一日前對分配表提出異議，但對分配表，協議變更者，仍
得依其協議實行分配。

二十二　關於第四十條、第四十條之一部分：

（一）依本法第四十條第一項規定更正之分配表應送達於未到場之債務人及有
　　　利害關係之他債權人，俾能使其有反對之陳述機會。

（二）更正分配表而為分配時，應記載於分配筆錄。

（三）無異議部分不影響債務人或其他債權人之債權者，應就該部分先為分配。

二十三　（刪除）

二十四　關於第四十五條部分：

執行法院僅就未與土地分離之農作物，實施查封者，限於將成熟時始得為之，
並於收穫後再行拍賣。

二十五　關於第四十六條、第七十六條部分：

動產或不動產之查封，應命書記官督同執達員為之，並由書記官依法作成筆錄，不得僅命執達員前往實施。

二十六　（刪除）

二十七　關於第五十條、第七十二條部分：
查封、拍賣債務人之財產，應以將來拍賣所得之價金足敷清償債權額及債務人應負擔之費用為限。債權人聲請執行債務人之多項財產時，應釋明其聲請執行標的之個別財產價值，並須以此為標準而加以選擇。

二十七之一　關於第五十條之一、第八十條之一部分：
（一）依本法第五十條之一第三項拍賣之動產，其出價未超過優先債權及強制執行費用之總額者，應不予拍定；依本法第八十條之一第一項規定拍賣不動產者，其拍賣最低價額，不得低於債權人依本法第八十條之一第一項規定指定之拍賣最低價額。
（二）因無益拍賣所生費用，應由聲請拍賣之債權人負擔。聲請之債權人有二人以上者，依債權額比例分擔。

二十八　關於第五十一條部分：
實施查封後，第三人未經執行法院允許而占有查封之動產，或第三人為其他有礙執行效果行為者，執行法院於必要時，得依職權排除之，並應先予排除後再行拍賣。

二十九　關於第五十四條部分：
查封筆錄之記載，應詳細明確，記明開始及終了之年、月、日、時，並於當場作成。到場人須於查封筆錄內簽名，如拒絕或不能簽名者，應由書記官記明其事由；如有保管人者，亦同。

三十　關於第五十五條、第一百三十六條部分：
（一）假扣押、假處分及其他執行案件，遇債務人有脫產之虞或其他急迫情形，法官應許可得於星期日、例假日或其他休息日及日出前、日沒後執行之。
（二）休息日及日出前日沒後之執行，應將急迫情形記載於執行筆錄，並將執

行法官許可執行之命令出示當事人。

三十一　關於第五十六條部分：

本法第五十六條所謂「因案受查封者」，不以本件執行法院查封者為限。其經行政執行機關查封者，亦包括在內。

三十二　關於第五十八條部分：

（一）債務人提出現款聲請撤銷查封，於拍定前均得為之，若債務人於已經拍定之後提出現款請求撤銷查封者，亦得勸告拍定人，經其同意後予以准許，並記明筆錄。

（二）拍賣物所有權移轉於拍定人後，債權人不得再撤回其強制執行之聲請。

三十三　關於第五十九條部分：

（一）查封債務人之動產，除貴重物品及有價證券宜由該管法院自行保管外，其他動產，執行法院認為適當時，固得交由債權人保管，但其後如認為不適當者，亦得另行委託第三人保管。

（二）查封標的物之保管人，因故意或過失致該標的物有滅失或毀損者，非有命該保管人賠償損害之執行名義，不得對之為強制執行。

三十四　關於第六十條、第六十條之一部分：

（一）查封物易腐壞或為有市價之物品，執行法官應注意依職權變賣之。對於易腐壞之物如無人應買時，得作價交債權人收受，債權人不收受時，應由執行法院撤銷查封，將該物返還債務人。

（二）查封之動產，如為依法令管制交易之物品，應依職權洽請政府指定之機構，按照規定價格收購之。

（三）得於有價證券集中交易市場交易之有價證券，宜委託證券經紀商變賣之。

（四）本法第六十條第一項第一款之協議，係指經全體債權人（包括參與分配之債權人）及債務人之協議而言；同項第四款之變賣，僅適用於金銀物品及有市價之物品，變賣價格亦不得低於市價。

三十五　關於第六十三條、第一百十三條部分：

拍賣期日，應通知債權人及債務人到場。此項通知應予送達，並作成送達證書附卷。拍賣物如有優先承買權人或他項權利人者，亦宜一併通知之，但無法通知或經通知而屆期不到場者，拍賣不因之停止。

三十六　關於第六十四條、第八十一條部分：

拍賣價金之交付，拍賣公告定有期限者，應依公告所載期限為之，拍定後不得延展。如有逾期不繳者，應依本法第六十八條之二之規定，將該標的物再行拍賣。

三十七　關於第六十四條、第一百十七條部分：

（一）拍賣標的物有特殊情形，足以影響其利用者，例如一、汽車無牌照。二、電影片無准演執照或非在准演期間。三、電話租用權人欠繳電話費等。執行法院應在拍賣公告內載明該事項，並註明由買受人自行處理字樣，以促應買人注意。

（二）動產之拍賣，拍定人預納保證金者，如因拍定人不繳足價金而再行拍賣時，原拍定人所繳納之保證金，應於清償再拍賣程序所生之費用及拍定價額低於前次拍定價額時所生之差額後，予以發還。

三十七之一　關於第五十九條之一、第六十八條之一部分：

（一）查封之有價證券須於一定之期限為承兌、提示、支付之請求或其他保全證券上權利之行為者，執行法院應注意於其期限之始期屆至時，代債務人為該行為，以免證券之權利喪失。

（二）依本法第六十八條之一規定，代債務人為背書等行為，應由執行法官為之，並應記明依該條代為該行為之意旨。

三十七之二　關於第六十八條之二、第一百十三條部分：

因拍定人未繳足價金而再行拍賣時，拍賣公告宜載明「原拍定人不得應買」字樣以促其注意。

三十八　關於第七十條、第七十一條部分：

（一）拍賣物價格不易確定或其價值較高者，執行法院宜依職權調查其價格，並預定其底價。

（二）依本法第七十條第一項規定，認為應酌定保證金額者，以拍賣物價值較高，並已預定拍賣物之底價者為限。其酌定之保證金額，應命應買人於應買前，向執行法院繳納，並應於拍賣公告內載明。未照納者，其應買無效。此種拍賣，執行法院認為必要時，得命應買人以書面提出願買之價額。

（三）依本法第七十條第三項規定，在最後一次高呼與拍定之間，應間隔相當之時間，如有同條第四項情形，執行拍賣人應不為拍定。

（四）依本法第七十條第五項及第七十一條規定將拍賣物作價交債權人承受時，其作價不得低於拍賣物底價百分之五十，未定底價者，應以估定價額為準，或參酌債權人及債務人意見，公平衡量而為核定。如債權人不願照價承受時，應撤銷查封，將拍賣物返還債務人。如債務人逃匿或行蹤不明或拒收，致撤銷查封後，無從返還拍賣物者，得參照本法第一百條第二項規定辦理。但如有本法第七十一條但書之情形者，得再行拍賣。

（五）依前款規定作價交由債權人承受者，如拍賣物價金超過債權人應受分配之債權額者，在未補繳差額前，不得將該物交付。

（六）依本法第七十條第五項及第七十一條規定撤銷查封，將拍賣物返還債務人時，應依本法第二十七條第一項規定辦理。

三十九　關於第七十三條部分：

拍賣筆錄之記錄，應詳細明確，並當場作成。

三十九之一　關於第七十四條部分：

拍賣公告未定有拍賣價金之交付期限者，拍定人應當場交付；如無多數債權人參與分配，執行人員得逕交付債權人以為清償；其超過債權人應受償之數額部分，得逕交付債務人。

四十　關於第七十五條、第七十六條部分：

（一）債權人聲請查封不動產，應提出產權證明文件，並導引執行人員前往現場指封之。

（二）查封未經登記之房屋，仍應通知地政機關依有關法令之規定辦理查封登記。

（三）（刪除）

（四）依本法第七十五條第四項得合併拍賣之動產及不動產，以具有不可分離之關係或能增加拍賣總價額者為限。

（五）土地及其土地上之建築物同屬抵押人所有，而僅以土地或僅以建築物設定抵押權者，執行法院拍賣抵押物時，應先確定建築物使用土地之面積及範圍（宜繪圖說明）於拍賣公告內載明之，並說明建築物占用部分之土地，建築物所有權人享有法定地上權，以促應買人注意。

（六）查封債務人之土地，執行法院應查明該土地上是否有建築物。

（七）建築物及其基地同屬債務人所有者，宜將建築物及其基地併予查封、拍賣。其有公寓大廈管理條例第四條第二項情形者，應將其建築物及其基地併予查封、拍賣，不得分別指定。

（八）建築物及其基地非同屬債務人所有，執行法院單就建築物或其基地拍賣時，宜於拍賣期日前通知建築物所在之基地所有人或基地上之建築物所有人。

（九）查封債務人之不動產，應以將來拍賣所得價金足敷清償債權額及債務人應負擔之費用為限，不得過度查封。於債務人有數宗不動產時，並須以此為標準加以選擇。

（十）債權人聲請查封已登記之不動產，應於實施查封前，先行通知登記機關為查封登記。如係未經登記之不動產，應於查封後一日內，通知該管地政機關登記其事由。

四十一 關於第七十七條部分：

（一）實施不動產查封時，查封筆錄內應載明「到達執行標的物所在時間、離開時間及揭示時間」。

（二）查封筆錄記載本法第七十七條第一項第二款所列事項，如為土地，應載明其座落地號、地目、面積、地上物或其他使用情形；如為房屋，應載明座落地號、門牌、房屋構造及型式、層別或層數、面積、用途、稅籍號碼。如查封之不動產於查封前一部或全部為第三人占有者，應載明債務人及第三人占有之實際狀況，第三人姓名、住所、占有原因、占有如有正當權源者，其權利存續期間。如訂有租約者，應命提出租約，即時影印附卷，如未能提出租約，或未訂有書面租約者，亦應詢明其租賃起訖時間、租金若干及其他租賃條件，逐項記明查封筆錄，以防止債務人事後勾串第三人偽訂長期或不定期限租約，阻撓點交。

（三）查封共有不動產之應有部分者，應於查封筆錄記明債務人對於共有物之使用狀況及他共有人之姓名、住所。

（四）查封之不動產有設定負擔或有使用限制者，亦應於查封筆錄載明。

四十一之一　關於第七十七條之一部分：

（一）查封之不動產，究為債務人占有，抑為第三人占有，如為第三人占有，其權源如何，關係該不動產之能否點交，影響拍賣之效果，執行法官或書記官應善盡本法第七十七條之一規定之調查職權，詳實填載不動產現況調查表，必要時得開啟門鎖進入不動產或訊問債務人或第三人，並得依債權人聲請或依職權管收債務人，或對第三人以科罰鍰之方法行之，務期發現占有之實情。但未經訊問債務人，並認非予管收，顯難查明不動產狀況者，不得管收債務人。

（二）執行法院依本法第七十七條之一規定調查不動產現況，如認債務人符合本法第二十一條規定拘提事由，而有強制其到場之必要時，得拘提之。

四十一之二　關於第七十八條部分：

查封之不動產，如債務人拒絕保管，得不許其為從來之使用。

四十二　關於第八十條部分：

（一）鑑定人估價時，宜就不動產是否出租、是否被第三人占用等情形分別估價。其估定之不動產價額與市價不相當時，執行法院得參考其他資料，核定拍賣最低價額。

（二）查封房屋之實際構造與登記簿記載不符時，仍應按實際構造情形鑑定拍賣。

（三）土地或建築物設定抵押權後，抵押人於土地上營造建築物或於原建築物再行擴建或增建者，除應認為係抵押物之從物，或因添附而成為抵押物之一部者外，執行法院於必要時得就原設定抵押權部分及其營造、擴建或增建部分分別估定價格，並核定其拍賣最低價額後一併拍賣之。但抵押權人就營造、擴建或增建部分，無優先受償之權。

（四）債務人於不動產設定抵押權後，就同一不動產上設定負擔或予出租者，執行法院應命鑑定人就無負擔或未出租之價額與有負擔或出租之價額，分別估定。

（五）核定拍賣最低價額應盡量與市價相當，且於核定前應使債權人、債務人就鑑定價格表示意見，俾作為核定拍賣最低價額之參考。

（六）不動產價值之鑑定，除有特殊情形外，應囑託不動產估價師或建築師為之。

（七）不動產如確因地區日趨繁榮、商業日趨興盛，或存有其他無形之價值，而鑑定人未將之估定在內者，執行法官核定拍賣最低價額時，得酌量提高。必要時並宜赴現場勘驗，瞭解不動產內部裝璜設備及環境四周，以為核定拍賣最低價額之參考，避免不當提高或壓低拍賣最低價額。

四十二之一　關於第八十條之一部分：

本條關於無益執行之禁止，對次順序抵押權人或其他優先債權人均有適用。

四十三　關於第八十一條部分：

（一）拍賣建築物及其基地時，應於公告內載明拍賣最低之總價額並附記建築物及其基地之各別最低價額，而以應買人所出總價額最高者為得標人。數宗不動產合併拍賣者，亦同。

（二）拍賣不動產公告記載本法第八十一條第二項第一款所列事項，如為土地，應載明其座落地號、地目、面積、地上物或其他使用情形。如為房屋，應載明座落地號、門牌、房屋構造及型式、層別或層數、面積、稅籍號碼。拍賣之不動產於查封前一部或全部為第三人占有者，應載明債務人及第三人占有之實際狀況、第三人姓名、占有原因，占有如有正當權源者，其權利存續期間。又拍定人繳交價金之期間宜定為七日。

（三）查封之不動產，未查明該不動產之占有使用情形前，不宜率行拍賣。

（四）拍賣之不動產，查封時為債務人或其占有輔助人占有者，應於拍賣公告載明拍定後可以點交。如查封時為第三人占有，依法不能點交者，則應詳載其占有之原因及依法不能點交之事由，不得記載「占有使用情形不明，拍定後不點交」之類似字樣。

（五）拍賣債務人之不動產應有部分時，應於拍賣公告載明其現在占有狀況及拍定後依債務人現實占有部分為點交。如依法不能點交時，亦應詳記其原因事由，不得僅記載「拍賣不動產應有部分，拍定後不點交」之類似字樣。

（六）拍賣之不動產已有負擔，或債務人之權利受有限制，或他人對之有優先

承買權利等情形,亦應於拍賣公告載明。

(七)拍賣之不動產為政府直接興建之國民住宅及其基地,債務人有辦理國民住宅貸款者,應於拍賣公告記載應買人或聲明承受人如欲承接國民住宅貸款餘額及剩餘期限,應以法令所定具有購買國民住宅資格者為限。

(八)外國人不得為土地法第十七條第一項所列各款土地之應買人或承受人,但合於外國人投資條例第十六條第二款之規定者,不在此限。

(九)拍賣之土地為土地法第十七條第一項所列各款以外之土地時,應於拍賣公告內記載外國人應買或聲明承受時,應依土地法第二十條第一項規定,向土地所在地市縣政府申請核准,並將該經市縣政府核准之證明文件附於投標書。

四十四　關於第八十三條部分:

(一)不動產經拍定或交債權人承受時,如依法有優先承買權利人者,執行法院應通知其於法定期限或執行法院所定期限內表示願否優先承買。
拍定人未繳足價金或承受之債權人逾期未補繳價金與其應受分配額之差額,致再定期拍賣時亦同。

(二)共有物應有部分於拍定後,如執行法院已盡調查之能事,仍無法查悉優先承買權人或無法送達,致不能通知其優先承買者,無須公示送達。

(三)數人享有同一優先承買權者,其中一人或數人拋棄或不行使優先承買權時,其餘之人仍得就拍賣不動產之全部,以同一價格共同或單獨優先承買。

四十五　關於第八十四條部分:

(一)各法院應設置寬大加鎖之玻璃窗型公告欄,張貼拍賣公告至拍賣期日終了時止,供應買人觀覽。公告欄張貼之拍賣公告不可重疊揭示,並謹防散失及被破壞、除去或塗改其內容。院長、庭長、法官應隨時抽查,如發現未經公告或期日未終了,公告已不存在者,應即查明處理。

(二)各法院應設置投標室及閱覽查封筆錄之處所,並於投標室設置公告欄。開標前,應將該拍賣期日應停止拍賣之案件,列表公告於該公告欄,並應載明停止拍賣之原因,一式複寫二份,一份揭示,另一份附卷,以資查考。

(三)拍賣及改期或停止拍賣之公告,應登載於「拍賣公告登記簿」。

（四）拍賣公告於必要時，得命債權人刊登於當地發行量較多之報紙，並副知債務人亦得刊登於報紙，以求實效。

（五）拍賣公告除刊登報紙、張貼於法院牌示處及不動產所在地外，並得函囑該管鄉、鎮、市（區）公所張貼於該公所之公告牌。如拍賣之標的物為較大之工廠或機器，應函請當地之同業公會將拍賣公告予以揭示並轉告會員，期能收公告週知之效。

（六）拍賣公告揭示於執行法院及該不動產所在地或其所在地之鄉、鎮、市（區）公所。不動產之拍賣及再拍賣期日，與公告之日應距離之期間，應自最先揭示之日起算。

四十六　關於第八十五條部分：

（一）投標得以通訊投標之方式為之。

（二）有下列情形之一者，宜採通訊投標：

　　1.有圍標之虞。

　　2.法院因債權人或債務人聲請認為適當或有其他必要之情形。

（三）採通訊投標時，應於拍賣公告載明下列事項：

　　1.投標書最後寄達之日、時。

　　2.投標書應寄達之地址或郵局信箱。

　　3.投標書逾期寄達指定之地址或郵局信箱者，其投標無效。

　　4.投標書寄達後，不得撤回或變更投標之意思表示。

（四）通訊投標得與現場投標並行。

（五）通訊投標之開標應以公開方式為之。通訊投標之投標人或其代理人於開標時，得不在場。

（六）法院得依所在區域之特性，訂定通訊投標要點，辦理通訊投標。

四十七　關於第八十六條部分：

（一）拍賣時，投標人應繳納之保證金，宜定為拍賣最低價額百分之十至百分之三十。但如有圍標之虞時，可提高保證金額，以減少投機並防止圍標。

（二）不動產以投標方法拍賣，因拍定人不繳足價金而再行拍賣時，拍定人所繳納之保證金，應於清償再拍賣程序所生之費用及拍定價額低於前次拍定價額時所生之差額後，予以發還。不動產不以投標方法而為拍賣，拍定人如預納保證金者亦同。

（三）保證金，由投標人填具聲請書（附件一），連同現金或銀行即期本票或畫線支票逕行繳交執行法院出納室。但通訊投標人應將願買之標的及願出之價額，填具投標書（附件二）連同應繳之保證金妥為密封，以雙掛號信函依拍賣公告所定方式及最後寄達日、時，寄達執行法院指定之地址或郵局信箱。保證金不以繳納執行法院當地臺灣銀行為付款人之票據為必要。

（四）執行法院出納室接到聲請書，並點收保證金無訛後，應製作保證金臨時收據一式三聯（附件三）第一聯存查，第二、三聯交投標人，由投標人將第二聯黏貼於投標書，投入標匭，第三聯由投標人收執。其以通訊投標而投標書寄達處所為郵局信箱者，執行法官應於拍賣公告所定最後寄達日、時，率同書記官及會同同院政風人員或院長指定之人前往郵局領取投標信函，並於開標前由書記官會同同院政風人員或院長指定之人將投標信函投入標匭；寄達處所非郵局信箱者，執行法院應妥善保管投標信函，並於開標前依上述方式將投標信函投入標匭。

（五）執行法院得斟酌情形自行規定，保證金得不必向出納室繳納，而由投標人逕將以經金融主管機關核准之金融業者為發票人之即期支票、本票或匯票為保證金，放入執行法院印製之保證金封存袋（如附件四），將之密封，與投標書一併投入標匭。惟應防止保證金票據遺失、被竊及投錯標匭等情事發生。開標時由執行法官當眾開示投標書朗讀之，並將得標者之保證金封存袋當眾拆封展示，必要時可將得標者之投標書及保證金票據即時影印，張貼於投標室，以昭公信。其未得標者之保證金封存袋，應由投標人在執行人員監視下自行拆封，當場簽章取回。

（六）執行人員及出納室承辦人員，在開標前，對於投標人姓名及繳納保證金人數，應嚴守祕密。

（七）投標距開標之時間，宜定為半小時或一小時。

（八）開標後凡未得標，或係停止拍賣者，執行法官、書記官應即時於投標人持有之臨時收據第三聯上「未得標或停止拍賣，應予發還」欄簽名或蓋章，交還投標人持向出納室領回原繳保證金，出納室核對聲請書及存根無誤後，退還原繳保證金時，命投標人在該聯收據上「原款如數領回」欄簽名或蓋章，並註明時間後，立即將該收據黏貼存根，通知會計室補製收支傳票。但通訊投標之保證金，當場憑身分證明文件、交寄投標書之郵局執據及與投標書相符之印章退還之；投標人未到場者，其保證金

應交由會計室入帳處理，並通知投標人依規定領取之。

（九）拍賣得標時，由執行法官、書記官於原保證金臨時收據「得標應換正式收據」欄簽名或蓋章，交由投標人持向執行法院出納室換發正式收據後，由執行法院依一般會計程序處理。通訊投標之得標人所繳保證金，應即交同院出納室，並發給正式收據。

（十）於必要時，得指派穿制服之法警，在投標室維持秩序，如有恐嚇、詐欺等情事發生，應即移送偵查。

四十八　關於第八十七條部分：

投標書用紙及保證金封存袋，應依司法院規定格式（附件二、四）印製，存放民事執行處或服務處，供投標人使用，並得依規定標準收取費用。通訊投標之投標人應依司法院規定標封之格式載明相關內容（附件四之一），再將標封黏貼於信封；未依規定格式黏貼標封，並載明開標日、時及案號者，其投標為無效。

四十九　關於第八十八條部分：

（一）拍賣開標時間，宜指定為每日上午九時半至十一時，或下午二時至四時之間，不得撥快或撥慢投標室時鐘。

（二）以投標方法拍賣不動產者，應依照拍賣公告所載時間準時開標，縱當事人請求延緩開標時間，亦不應准許。

（三）開標期日，應由執行法官全程參與不得委由書記官辦理。執行法官應在法院投標室當眾開示投標書，並朗讀之。關於通訊投標之開標，應先當眾審查投標書是否密封及有無附繳保證金，暨具備其他應備要件。

（四）開標，應以應買人所出價額達該次拍賣標的物之最低價額並係最高價者為得標。開標情形，應記明於拍賣筆錄。

（五）拍賣公告欄已張貼「停止拍賣」之公告或由主持開標之法官於開標前宣告停止拍賣程序，即應停止拍賣，不得開標實施拍賣，以免紛爭。

（六）以投標方法拍賣不動產時，應注意防範圍標及其他不法行為。

五十　關於第九十條部分：

（一）數宗不動產合併拍賣時，投標人未記載每宗之價額或其記載每宗價額之合計數與其記載之總價不符者，應以其所載之總價額為準，其總價額高

於其他投標人，且達於拍賣最低總價額者為得標；投標人僅記載每宗之
價額而漏記總價額者執行法院於代為核計其總價額後，如其總價額高於
其他投標人，且達於拍賣最低總價額時，亦為得標。

（二）土地與地上建築物合併拍賣者，應於拍賣公告載明，投標人對土地及其
建築物所出價額，均應達拍賣最低價額，如投標人所出總價額高於其他
投標人，且達拍賣最低總價額，但土地或建築物所出價額未達拍賣最低
價額，而投標人不自行調整者，執行法院得按總價額及拍賣最低價額比
例調整之。

（三）投標人對願出之價額，未載明一定之金額，僅表明就他人願出之價額為
增、減之數額者，不應准許得標。

（四）法院認定投標是否有效時，應依投標書各項記載之外觀，為整體與綜合
之考量，並依其投標能否確保投標之祕密性及正確性，客觀認定之。倘
投標書之記載，足以確定其投標應買之不動產與拍賣之不動產具有同一
性者，且無其他無效事由時，其投標即應認為有效。

（五）投標人願出之最高價額相同者，於定得標人時，其當場增加價額或抽籤，
由執行法官主持之。

五十一　關於第九十一條部分：

（一）每宗耕地原由數人畫區分別承租耕作者，執行法院於拍賣時，應將承租
人不能就其承租部分優先承買之意旨，事先通知承租人。俾促其參加投
標應買，以杜爭執。

（二）拍賣不動產期日之通知書，應記載：「債權人對於本次拍賣之不動產，
於無人應買或應買人所出之最高價未達拍賣最低價額時，如依法得承受
並願照拍賣最低價額承受者，應於拍賣期日到場，並於該次期日終結前
聲明之。」

（三）債權人未於拍賣期日到場者，不得聲明承受，除他債權人已於拍賣期日
到場依法承受者外，執行法院應再行定期拍賣。

（四）得為承受之債權人，不以有執行名義者為限，無執行名義而依法對於執
行標的物有擔保物權或優先受償權之債權人，經聲明或依職權列入分配
者，亦得承受之。

（五）拍賣不動產時，應買人欠缺法定資格條件者，其應買無效。如無其他合
於法定要件之人應買者，應認為「無人應買」。

五十二　關於第九十二條部分：

再行拍賣之酌減數額，執行法官應斟酌當地經濟狀況減少適當金額，不宜一律減少原拍賣最低價額百分之二十。

五十三　關於第九十四條部分：

（一）到場之債權人有二人以上願承受者，其抽籤，應由執行法官主持之。

（二）依本法第九十四條第二項規定之再行拍賣，其原承受人不得應買或再聲明承受。

五十四　關於第九十五條部分：

（一）依本法第九十五條第一項規定，於公告之日起三個月內依原定拍賣條件應買或承受之表示時，如不動產之價格已上漲，且債權人或債務人表示反對，執行法院應不准應買或承受。

（二）本法第九十四條第二項、第三項有關債權人承受差額之補繳及再拍賣之規定，於本條第一項承買準用之。

五十五　關於第九十六條部分：

（一）供拍賣之數宗不動產，其中一宗或數宗之賣得價金，已足清償強制執行之債權額及債務人應負擔之費用時，於拍定前，債務人得指定其應拍定不動產之部分。

（二）拍賣之不動產有數宗時，原則上應一次拍賣，但法院得斟酌實際情況，於拍賣公告註明：「如一宗或數宗不動產拍賣所得價金已足敷清償債權額及債務人應負擔之費用時，其餘部分即不予拍定」字樣。

五十六　關於第九十七條、第九十八條部分：

（一）不動產經拍定或交債權人承受並已繳足價金後，應於五日內按拍定人或承受人之名義發給權利移轉證書。優先承買者亦同。

（二）不動產由外國人拍定或承受者，執行法院於權利移轉證書發給後，應即通知該管市縣政府。

（三）民事執行處收到出納室移來之買受人繳納價金收據後，應由收文人員填寫核發權利移轉證書管制追蹤考核表一式三份（如附件五，此表得與價

金分配之管制考核併用）。一份送庭長存查，二份送研考科轉陳院長核閱後，一份送交承辦股，一份存研考科。

（四）承辦股書記官應就考核表所列應辦事項之辦畢日期，逐欄填載後退還研考科陳報院長查核。

（五）承辦股逾十五日尚未將考核表退還者，研考科應以查詢單每週一次向承辦股查詢其遲延原因，至案件終結為止，不得疏懈。

（六）承辦股書記官接到研考科查詢單後，應即將已於規定期限內核發權利移轉證書，或未能於規定期限內核發之遲延原因，詳載於查詢單，退還研考科。

（七）強制執行中拍賣之不動產，經第三人訴由法院判決確定認為應屬於該第三人所有時，原發權利移轉證書當然失其效力，執行法院應逕予註銷，並通知該管登記機關登記其事由。

（八）拍定人繳足價金後，債務人提出停止執行之裁定者，拍定人之地位不因之而受影響，執行法院不得停止權利移轉證書之發給。惟拍定人所繳價金，執行法院如未交付債權人，應依停止執行之裁定停止交付。

（九）依本法第九十八條第三項但書規定，保留不動產上之抵押權者，須於該不動產拍定後，繳納價金期限屆滿一日前，由拍定人或承受人及抵押權人共同向執行法院陳明。有此情形時，其抵押權，毋庸塗銷。

五十七　關於第九十九條、第一百條、第一百十四條、第一百二十四條部分：

（一）拍賣之不動產，除有依法不能點交之情形者外，應於核發權利移轉證書後，依買受人之聲請，迅速點交。

（二）拍賣之不動產可否點交，以查封時之占有狀態為準，苟查封時不動產為債務人占有，執行法院於拍定後即應依法嚴格執行點交，不因事後債務人將不動產移轉予第三人占有而受影響。

（三）應點交之土地，如有未分離之農作物事先未併同估價拍賣者，得勸告買受人與有收穫權人協議為相當之補償，或俟有收穫權人收穫後，再行點交。

（四）不動產所有人設定抵押權後，於同一不動產上設定地上權或其他權利或出租於第三人，因而價值減少，致其抵押權所擔保之債權不能受滿足之清償者，執行法院得依聲請或依職權除去後拍賣之。

（五）拍賣債務人之不動產應有部分者，應將該債務人現實占有部分，點交於

買受人或承受人。

（六）依本法第九十九條規定解除債務人或第三人對於不動產占有時，該債務人或第三人存置於不動產之動產，應取出點交與該債務人或第三人者，如無人接受點交或出面接受點交者於點交過程中逕自離開現場，致無法完成點交時，應適用本法第一百條第二項規定處理之。

（七）本法第九十九條及第一百二十四條所定債務人，包括為債務人之受僱人、學徒或與債務人共同生活而同居一家之人，或基於其他類似之關係，受債務人指示而對之有管領之力者在內。

（八）不動產或船舶經點交後，原占有人復占有該不動產或船舶，由買受人或債權人聲請再解除其占有者，其聲請應另分新案。

（九）依本法第九十九條第二項、第一百二十四條之規定，聲請續為執行，以原占有人復行占有者始得依聲請再予點交，並以本法修正施行後，經聲請執行法院點交者為限。

（十）出租人與承租人訂立租賃契約後，將租賃物交付承租人占有前，經執行法院查封者，承租人不得主張係查封前與債務人訂約承租該不動產，阻止點交。

（十一）第三人於查封後始占用拍賣之不動產，拒絕交出者，執行法院除應嚴格執行，解除其占有，將不動產點交於買受人或承受人外，如遇有竊占執行標的物，恐嚇投標人、得標人、偽造借據、租約或涉有其他罪嫌時，應即移送該管檢察官依法偵辦。債務人受點交後復占有該不動產者，亦同。

（十二）債務人或第三人於查封後提出租賃契約，主張查封之不動產上已有租賃關係者，執行法院宜為相當之調查，如發現其契約有冒用他人名義偽訂情事時，亦應依前款規定辦理。

（十三）第三人對其在查封前無權占有不動產不爭執，或其對該不動產之租賃權業經執行法院除去，而有第十一款規定之情事者，亦得依該款規定辦理。

五十八　關於第一百零二條部分：

依本法第一百零二條第一項所為之通知，應於第一次揭示拍賣公告同時為之，其通知書應載明他共有人得以同一價格共同或單獨優先承買。

五十九　關於第一百零三條部分：

執行法院依本法第一百零三條規定，對於已查封之不動產命付強制管理者，應以該不動產在相當期間內，其收益於扣除管理費用及其他必需之支出後，足以清償債權額及債務人應負擔之費用者為準。

六十　關於第一百零四條、第一百零七條部分：

（一）債務人所有之不動產因執行實施強制管理，並命不動產之承租人按期向管理人給付租金，而承租人不遵行時，管理人得對之提起交租之訴。

（二）管理人聲請將管理之不動產出租時，須所收租金足以清償債權及應由債務人負擔之費用總額，或雖不能為此清償，但其出租並不影響該不動產之同時併行拍賣者，執行法院始得為許可。許可前，並應詢問債權人及債務人之意見。

六十一　關於第一百十四條至第一百十四條之四部分：

（一）本法第一百十四條第一項所稱建造中之船舶，係指自安放龍骨或相當於安放龍骨之時起，至其成為海商法所定之船舶時為止之船舶而言。

（二）對於船舶之查封，除為查封之標示及追繳船舶文書外，應使其停泊於指定之處所，並即通知當地航政主管機關。但國內航行船舶之假扣押，得以揭示方法為之。以揭示方法執行假扣押時，應同時頒發船舶航行許可命令，明示准許航行之目的港、航路與期間；並通知當地航政主管機關及關稅局。

（三）就船舶為保全程序之執行僅得於運送人或船長發航準備完成前或於航行完成後，始得為之。但保全程序保全為使航行可能所生之債權及船舶碰撞所生之債權者，則無此限制。所謂發航準備完成者，指法律上及事實上得開行之狀態而言，例如船長已取得當地航政主管機關核准發航與海關准結關放行及必需品之補給已完成，並已配置相當海員、設備及船舶之供應等屬之；所謂航行完成，指船舶到達下次預定停泊之商港而言；所謂為使航行可能所生之債權，例如為備航而向之購置燃料、糧食及修繕等所生債權是。

（四）船舶之強制執行，執行法院於必要時，得請警察、航政機關或其他有關機關協助。

（五）船舶經查封後，得委託航政機關、船長或其他妥適之人或機關、團體保

管；並得許可為必要之保存及移泊行為。保管、保存及移泊費用，得命債權人預納。

（六）本法第一百十四條之一第二項之債權額，包括參與分配之債權額。又依本項因查封所提供之擔保物品，依序為：現金、有價證券，或債務人與金融機構所締結之支付保證證明文書，該證明文書須載明金融機構應隨時依執行法院之通知，為債務人繳納一定金額。

（七）拍賣船舶，執行法院應囑託船舶製造業者、航政機關、船長同業公會或其他妥適之人或機關、團體估定其價額，經核定後，以為拍賣最低價額。

（八）本法第一百十四條之二第二項拍賣船舶公告應記載之其他事項，須記明「船舶國籍證明書」是否為執行法院所扣留。

（九）船舶法第九條第一項規定之船舶應具備之文書，於船舶拍賣或變賣後，執行法院應命債務人或船長交出，或以直接強制方法將其取交買受人或承受人，對於船舶有關證書，執行法院並得以公告方式宣告該證書無效，另作證明書發給買受人或承受人。

（十）依本法第一百十四條之三適用船籍國法時，不得以該船籍國法不承認我國法而拒絕適用該船籍國法。

（十一）船舶應有部分之拍賣或變賣，他共有人有優先承買權。此項執行，除應依本法第一百零二條規定辦理外，非得共有人全體同意，不得使該船舶喪失我國之國籍。

（十二）海商法所定船舶以外之船舶，其強制執行，適用關於動產執行之規定。

（十三）航空器，除法律另有規定外，自開始飛航時起，至完成該次飛航時止，不得實施扣押或假扣押。所謂：「飛航時起至完成該次飛航時止」，指航空器自一地起飛至任何一地降落之一段航程而言。

六十二　關於第一百十五條部分：

（一）依當事人之特約，不得讓與之金錢債權，執行法院仍得發移轉命令。

（二）本法第一百十五條第二項規定之收取、移轉或支付轉給命令，以發何種命令對債權人最為有利，宜詢問債權人之意見。

（三）扣押命令之效力，當然及於從屬之擔保物權。擔保物為動產者，債務人不得處分之；擔保物為不動產者，執行法院應通知該不動產之登記機關登記其事由。

六十二之一　關於第一百十五條之一部分：

（一）對繼續性給付之債權發移轉命令後，案件得報結，並於執行名義正本上註記執行案號、執行費用及第三人名稱等字句，影印附卷後，將之發還債權人。

（二）債權人如依本法條第二項但書規定聲請繼續執行時，執行法院應另分新案辦理之。

（三）執行法院對繼續性給付債權核發移轉命令後，經第三債權人就同一債務人之同一繼續性給付債權聲請併案執行或參與分配者，執行法院應撤銷未到期部分之移轉命令，改發按各該參與分配或併案執行債權額比例分配之移轉命令。

六十三　關於第一百十七條部分：

就債務人之公有財產租賃權或其他須經主管機關同意始得轉讓之財產權為執行時，應先囑託各該主管機關禁止債務人處分，並經其同意轉讓後，始得命令讓與。

六十四　關於第一百十九條、第一百二十條部分：

（一）本法第一百十九條第一項之「法院命令」，包括執行法院依第一百十五條第一項、第二項、第一百十六條第一項、及第一百十七條規定對第三人所發之命令在內，此項命令應附記第一百十九條第一項及第二項之意旨；如第三人對之聲明異議，而債權人認該第三人之聲明為不實時，得依本法第一百二十條規定提起訴訟，非得有確定勝訴之判決，不得逕向第三人為強制執行。

（二）本法第一百十九條第二項所謂「執行法院命令」，係指同項所稱「將金錢支付債權人，或將金錢、動產不動產支付或交付執行法院」之命令而言，不包括移轉命令在內。

（三）依本法第一百十九條第二項規定逕向第三人為強制執行者，應另行分案辦理。

六十五　關於第一百二十二條部分：

（一）本法第一百二十二條第一項所稱社會福利津貼，係指低收入老人生活津貼、中低收入老人生活津貼、身心障礙者生活補助、老年農民福利津貼

及榮民就養給付等其他依社會福利法規所發放之津貼或給付；又所稱社會救助或補助，係指生活扶助、醫療補助、急難救助及災害救助等。

（二）本法第一百二十二條第二項所稱社會保險，係指公教人員保險、勞工保險、軍人保險、農民保險及其他政府強制辦理之保險。

（三）本法第一百二十二條第二項所稱維持債務人及其共同生活之親屬生活所必需，係指依一般社會觀念，維持最低生活客觀上所不可缺少者而言。是否生活所必需，應就債務人之身分地位、經濟狀況、其共同生活之親屬人數及當地社會生活水準等情形認定之。

（四）債務人應領之薪資、津貼或其他性質類似之收入，除酌留債務人及其他共同生活之親屬生活所必需者外，得為強制執行。

六十五之一　關於第一百二十二條之一至第一百二十二條之四部分：

（一）債務人為公營金融機構或其他無關人民生活必需之公用事業者，不屬本法第一百二十二條之一至第一百二十二條之四之適用範圍。

（二）債務人為政府機關或其他公法人，其應給付之金錢列有預算項目，經通知而不自動履行或支付執行法院者，執行法院得逕向該管公庫執行之。

（三）債務人為政府機關或其他公法人時，如其應給付之金錢，不在原列預算項目範圍內，應由該機關於原列預算內之預備金項下支付或另行辦理預算法案撥付。

（四）對政府機關或其他公法人管有之公用財產強制執行時，應擇其非推行公務所必需或對之執行不影響公共利益者行之。

六十六　關於第一百二十四條部分：

（一）關於遷讓房屋、拆屋還地或點交不動產等執行事件，執行法院於收案後得斟酌實際情形，訂定一定期間，命債務人自動履行，但其期間不得超過十五日。

（二）應執行拆除之房屋，如係鋼筋混凝土建築，價值較高，得斟酌情形先行勸諭兩造將房屋或土地作價讓售對方，無法協調時，再予拆除。

（三）定期拆除房屋前，應作充分準備，如有界址不明之情形，應先函地政機關派員於執行期日到場指界。如債務人有拒不履行之情形，宜先函電力、電信、自來水機構屆時派員到場協助，切斷水電。債務人家中如有患精神病或半身不遂之類疾病之人，債務人藉詞無處安置拒絕拆遷時，宜先

洽請適當之社會救濟機構或醫院,予以安置。如債務人有聚眾抗拒之虞,宜先函請警察、憲兵、醫護等單位,派員協助執行。

(四)遷讓房屋、拆屋還地或點交不動產執行事件,執行法官宜親至現場執行,實施執行期日,除有法定情形應予停止執行者外,不得率予停止,並須使債權人確實占有標的物。

六十七　關於第一百二十七條部分:

為執行名義之確定判決,僅命債務人交付一定種類、數量之動產,而未載明不交付時應折付金錢者,執行法院不得因債務人無該動產交付,逕對債務人之其他財產執行。惟命交付之動產為一定種類、數量之代替物者,本應由債務人採買交付,債務人不為此項行為時,執行法院得以債務人之費用,命第三人代為採買交付。此項費用,由執行法院定其數額,以裁定命債務人預行支付,基此裁定,得就債務人之一切財產而為執行。

六十八　關於第一百二十八條、第一百二十九條部分:

(一)依本法第一百二十八條第一項規定,執行法院定期命債務人履行而債務人不履行時,得先處怠金,其續經定期履行而仍不履行者,得再處怠金或管收之。依第一百二十九條第一項規定,執行法院於債務人不履行時,得先處怠金,其仍不履行時,得再處怠金或管收之。但管收期間,仍應受本法第二十四條之限制。如符合拘提事由時,執行法院得依本法第二十一條規定拘提債務人。

(二)本法第一百二十九條第二項規定,所稱「除去其行為之結果」,係指禁止債務人為一定行為之執行名義成立後存在之「行為之結果」而言;執行名義成立前發生者,亦包括在內。

(三)執行法院依本法第一百二十八條、第一百二十九條規定所為之執行,必要時,應通知相關機關協助維持執行之效果。

(四)執行法院辦理交付子女或被誘人強制執行事件時,應注意遵循交付子女或被誘人強制執行事件作業要點之相關規定。

六十八之一　關於第一百三十條部分:

債權人就應為之對待給付已為提存,或經法院公證其已為對待給付者,以其提存書或公證書為已為對待給付之證明書;以其他方法為對待給付者,其已為對

待給付之證明書，應由執行法院給予之。

六十九　關於第一百三十二條部分：

（一）依本法第一百三十二條第二項規定，於送達前之執行，執行法院應於執行之同時或執行完畢後七日內，將假扣押或假處分裁定送達債務人，其執行後不能送達者，執行法院應將其事由通知債權人，並命其於相當期間內查報債務人之住、居所。倘債權人逾期未為報明，亦未聲明公示送達或其公示送達之聲請被駁回確定者，執行法院應撤銷假扣押或假處分之執行。

（二）債權人聲請假扣押或假處分執行時，已逾本法第一百三十二條第二項規定之三十日期限者，執行法院應以裁定駁回之。

六十九之一　關於第一百三十二條之一部分：

執行法院對於假扣押、假處分或定暫時狀態假處分之裁定經廢棄或變更部分，撤銷已實施之執行處分時，對於該執行處分撤銷前所生之效力，不生影響。

六十九之二　關於第一百三十二條之二部分：

債權人依民法第一百五十一條第一項規定拘束債務人之自由，即時聲請該管法院裁定准許假扣押者，執行法院應即時予以執行，若債務人具有本法第二十二條第一項所列情形之一者，得依該條第二項或第五項規定，予以限制其住居或管收。

七十　關於第一百三十四條、第一百四十條部分：

在假扣押或假處分中之財產，如經政府機關依法強制採購或徵收者，執行法院應將其價金或補償金額提存之。

七十一　關於第一百三十六條部分：

以准許假扣押之裁定為執行名義，祇須依該裁定之意旨，就債務人之財產為扣押，除法律另有規定外，不得更為其他之執行。

七十二　關於第一百三十九條部分：

假處分之裁定，係禁止債務人設定、移轉或變更船舶上之權利者，執行法院應

將裁定揭示於船舶所在地,如該船係我國國籍船舶,應將裁定揭示於船籍港所在地,並通知船籍港航政主管機關登記其事由。

七十二之一　關於第一百四十條部分:

定法律關係暫時狀態之假處分裁定,命債務人即為金錢給付者,準用關於金錢請求權之執行程序辦理。

七十三　關於執行人員之監督考核:

(一)執行人員應奉公守法、廉潔自持,其有拒受當事人餽贈、招待或辦理執行業務特別認真努力,足為同仁表率者,各級主管應列舉具體事實,專案報請敘獎。

(二)執行人員工作懈怠,或利用職務上之機會接受當事人餽贈、招待或有其他違法失職行為者,應依法嚴懲。其涉及刑事責任者,應即移送檢察機關偵辦。

(三)院長及各級主管應隨時注意執行人員之品德、節操,嚴格監督其承辦案件之進行情況。如發現有行為不軌者,即予警告。如因疏於監督,致有違法失職情事發生者,應追究行政責任。其明知有違法失職而不舉發者,亦應依法議處。

(四)庭長應每月一次召開民事執行處會議,檢討執行業務之得失,院長不定期列席指導,提昇執行績效。

法拍屋實戰寶典

「法拍教父」黃正雄教你投資法拍賺千萬

作　　者／黃正雄
美術編輯／孤獨船長工作室
責任編輯／許典春
企畫選書人／賈俊國

總　編　輯／賈俊國
副總編輯／蘇士尹
資深主編／吳岱珍
編　　輯／高懿萩
行銷企畫／張莉滎・廖可筠・蕭羽猜

發　行　人／何飛鵬
出　　版／布克文化出版事業部
　　　　　臺北市中山區民生東路二段 141 號 8 樓
　　　　　電話：(02)2500-7008　傳真：(02)2502-7676
　　　　　Email：sbooker.service@cite.com.tw
發　　行／英屬蓋曼群島商家庭傳媒股份有限公司城邦分公司
　　　　　臺北市中山區民生東路二段 141 號 2 樓
　　　　　書蟲客服服務專線：(02)2500-7718；2500-7719
　　　　　24 小時傳真專線：(02)2500-1990；2500-1991
　　　　　劃撥帳號：19863813；戶名：書蟲股份有限公司
　　　　　讀者服務信箱：service@readingclub.com.tw
香港發行所／城邦（香港）出版集團有限公司
　　　　　香港灣仔駱克道 193 號東超商業中心 1 樓
　　　　　電話：+852-2508-6231　　傳真：+852-2578-9337
　　　　　Email：hkcite@biznetvigator.com
馬新發行所／城邦（馬新）出版集團 Cité (M) Sdn. Bhd.
　　　　　41, Jalan Radin Anum, Bandar Baru Sri Petaling,
　　　　　57000 Kuala Lumpur, Malaysia
　　　　　電話：+603- 9057-8822　　傳真：+603- 9057-6622
　　　　　Email：cite@cite.com.my
印　　刷／韋懋實業有限公司
初　　版／2017 年（民 106）1 月　　2022 年（民 111）12 月 14 日初版 11 刷
售　　價／380 元
ISBN／978-986-94281-0-1

城邦讀書花園　布克文化
www.cite.com.tw　www.sbooker.com.tw